# 鸡蛋期货一年翻身记

李海林　著

中国经济出版社
CHINA ECONOMIC PUBLISHING HOUSE
·北京·

**图书在版编目（CIP）数据**

鸡蛋期货一年翻身记 / 李海林著．-- 北京：中国经济出版社，2025.7 重印

ISBN 978-7-5136-5627-6

Ⅰ.①鸡… Ⅱ.①李… Ⅲ.①禽蛋-期货交易 Ⅳ.①F830.9

**中国版本图书馆 CIP 数据核字（2019）第 066354 号**

责任编辑　宋庆万　巢新强

责任印制　李　伟

封面设计　华子图文设计公司

**出版发行**　中国经济出版社

**印 刷 者**　北京建宏印刷有限公司

**经 销 者**　各地新华书店

**开　　本**　710mm×1000mm　1/16

**印　　张**　17.25

**字　　数**　229 千字

**版　　次**　2020 年 6 月第 1 版

**印　　次**　2025 年 7 月第 5 次

**定　　价**　56.00 元

**广告经营许可证**　京西工商广字第 8179 号

**中国经济出版社**　**网址** www.economyph.com　**社址** 北京市东城区安定门外大街 58 号　**邮编** 100011

本版图书如存在印装质量问题，请与本社销售中心联系调换（联系电话：010-57512564）

PUBLISHING INSTRUCTIONS

# 出版说明

作者在2017年底到2018年9月按照自己的规则做鸡蛋期货，赚了50%。代为操作的亲戚、同学、同事、朋友的共22个账户（2018年元旦之前是20个，2018年元旦之后增加了2个），初始资金在2017年8月7日是将近276万元，到2018年10月成了417万元。作者愿付辛劳，分文不收；他们愿担风险。原来的20个账户在2018年元旦之前户主撤出了30万元，元旦后新增的2个账户共增加了资金30万元，账户个数增加前后的资金总额基本持平，具有可比性。

正因为有这个实践，作者决定将经历写成书正式出版。请大家包涵他的叙述风格，这是多年形成的语言习惯。请大家批评、指正他的规则和操作风格，这是一孔之见，世界本就丰富多彩。请大家务必衡量自身风险承受能力，毕竟投资有风险，自己多谨慎；同时，要保持好的心态，胜不骄败不馁，一如作者自娱自乐、波澜不惊，投资本就是收益与风险并存。

国外设立过鸡蛋期货但都取消了，因为鸡场规模扩大鸡蛋直供大超市，蛋价波动较小。中国设立鸡蛋期货符合中国鸡蛋生产大部分来自农民、布局分散、规模小、蛋价季节变化大的特性，按照书中所叙述的方法去操作，可以一试。

本书记述的，是作者一年中做鸡蛋期货的心路历程，有原则、计划，有探索、结论，有试错、真错，有成功、大亏，有故事、心得，反映了散户做期货的焦虑和彷徨，当然更有赚钱的快乐。

作者最初的计划是赚两倍，之所以没赚到，是因为规则和操作是不完美的，是有缺憾的，需要在实践中修正和完善。书中记述的错误和凶险，恰是本书的可信之处。

下面简单介绍一下书中的几个术语：

01 合约、05 合约、09 合约，分别指鸡蛋期货的 1 月份合约、5 月份合约、9 月份合约。例如，记述 2017 年的交易，01 合约指的是 2018 年的 1 月份合约，全称是 1801 合约，又简称为 1801。05 合约指的是 2017 年的 5 月份合约或 2018 年的 5 月份合约，全称是 1705 合约或 1805 合约，又简称为 1705 或 1805，具体指哪个要看当时记述的内容。09 合约指的是 2017 年的 9 月份合约或 2018 年的 9 月份合约，全称是 1709 合约或 1809 合约，又简称为 1709 或 1809，具体指哪个也要看当时记述的内容。

空 01、空 05、多 09，分别指该年度持有鸡蛋 01 合约的空单、鸡蛋 05 合约的空单、鸡蛋 09 合约的多单。在容易产生歧义的地方，都写成 01 合约、05 合约、09 合约，一个段落内不会产生歧义的就写成 01、05、09。

95 对冲，指的是同时持有该年度鸡蛋 09 合约的多单和鸡蛋 05 合约的空单。例如，记述 2017 年上半年的交易，95 对冲则指的是同时持有 1709 合约的多单和 1705 合约的空单。记述 2017 年下半年和 2018 年的交易，95 对冲则指的是同时持有 1809 合约的多单和 1805 合约的空单。

还有“火箭蛋”。2012 年 6 月，全国多个城市鸡蛋价格出现快速上涨。这让许多市民都感到“不可思议”，有网友戏称鸡蛋成了“火箭蛋”。

CONTENTS

# 目录

扫码进入
线上无障碍交流
读书心得

# 第一部分 败走麦城因何在

2017年8月7日，是我做期货10年来最要命的一次止损，操作的全部账户，鸡蛋1801合约空单，大概都亏损400多点。6月到7月，3900进空，4300以上平空，1手亏4000多元钱。我操作的这些账户共计开仓1801合约空单210手，合计亏损100万元，本来有将近400万元资金，结果只剩下不到300万元了。

这种结果，盖因我的鸡蛋期货操作规则里有一条：符合季节大势的单子即使短期被套也可以轻仓死扛。

# 第一回　期货里两种性质的错误

期货里有两种性质的错误，即两种性质的赔钱方式：一种是规则性错误，执行错误规则导致赔钱；另一种是概率性错误，执行正确规则也赔钱（但这是交易的组成部分，是赚钱过程的组成部分）。规则性错误修正规则可以避免；概率性错误是客观的、必然的、无法避免的，期货人都会犯。

我犯的错误是第一种：规则性错误。所谓“符合季节大势的单子即使短期被套也可以轻仓死扛”，这个规则本身就是错误的，因为它不符合期货三原则：顺势、轻仓、止损。没有顺势，而是逆势；没有止损，而是死扛。有图 1－1 为证。

错误的规则，我怎么能制定出来并奉为瑰宝呢？

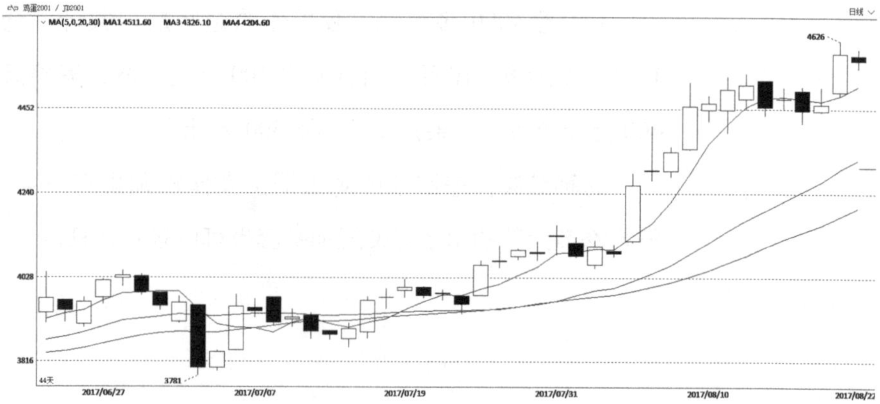


**图 1－1　鸡蛋 1801 合约 2017 年七八月份大涨，空单逆势死扛抹去全部利润**

# 第二回　鸡蛋每年有三个季节小周期

鸡蛋每年有三个季节小周期，春季下跌做空主力合约05。夏季快速大幅上涨是为“火箭蛋”，做多主力合约09。8月又从高位回落，做空主力合约01。国庆节及元旦前再次走强，先做主力合约01反弹，再做主力合约05回落。鸡蛋价格变动的周期固定，涨跌方向固定，基本幅度也固定，如果进场早了顺应大势开了仓单，即使被套，只要坚持下去也是可以等到大势来临而获利的。

# 第三回　期货三原则第一条是顺势

期货三原则第一条就是顺势不能逆势，原来我是不敢逆势扛单的。在翻阅历史上 8 月份 01 合约 K 线图时，我也是想着在这个位置如何轻仓进场止损少点儿，如何在再次下跌可靠性增强时加大仓位进场。阅读别人相关的帖子时，对于他们坚持摸顶的做法感到很危险。不这么做而按照均线操作，一样可以抓住大的下跌趋势啊。

但是 2016 年 5 月 3 日之后的操作实践给了我另一种思路。当时我以为鸡蛋 1609 回调到位，未来两个月必有“火箭蛋”发射，价位不高，4080，历年都最终在 8 月涨到 4500，便买入了多单。仓位不重，每 10 万元钱才买了 3 手，却立即被套。我想，现货 2016 年春节前最高是 4. 50 元，5 月份跌到 3. 40 元，按照惯例，8 月份现货不会低于 4. 50 元，“火箭蛋”肯定发射，那么 1609 合约大概能涨回到 4500，4080 的多单能获利四五百点。既然如此，那就干脆拿着多单算了，每 10 万元资金才有 3 手，保证金占用 1. 5 万元，还有 8 万多元闲置，绝对扛得住浮亏。这么计算后，便任凭 1609 合约下跌了，它最低跌到了 3700，被套 300 多点，浮亏 1 万多元钱。我死扛了两个月，到 7 月 6 日，涨到 4230 一带时我熬不住了，这波“火箭蛋”从 3700 涨到了将近 4300，低高有 600 点之多，从历史数据看我觉得幅度够了，便平多止盈，获利 150 点，3 手赚到了 5000 多元钱，10 万元本金赚取了 5000 多元。我在那之前做鸡蛋屡屡赔钱，却在多单被套 300 多点死扛后能赚到本金的 5%，这提升了我的信心，而且让我自然冒出了做鸡蛋可以轻仓死扛的想法。

**我原来的鸡蛋期货操作规则是三条：**一是每年跟着鸡蛋的季节周期做；二是每年9月到来年4月，不做05合约的单向趋势，而是做多09合约、空05合约的对冲套利；三是中长线持仓不做短线，但是低高或者高低500点幅度便见好就收，平仓走人。现在有了死扛获利的成功经验，我便在后面**又加了一条：符合季节大势的单子，即使短期被套也可以轻仓死扛。**

我总结出了鸡蛋期货四原则，自认为“我们”已经是中国做鸡蛋期货的散户中水平最高的。我和一位30多岁的忘年交哥们儿常常商量着一起操作，他属于“我们”，但不属于我操作的账户的主人。他是自己操作，但是他的操作一贯跟我一致，只是有时候比我还谨慎些，进场比我稍晚，仓位比我低。

死扛获利之后，2016年7月19日，鸡蛋各个合约跌破了20日线甚至30日线，这是我判断“火箭蛋”之后回落的标准，所以又立即开空了1705合约和1701合约，在其后一个月里获利200多点。

这两次操作连续获利，使得我当时手头持有的15个账户统统增值了30%。这些账户之前两年赚少赔多，整体赔了有百分之二三十。例如，我弟弟的账户本金是30万元，2014年初设立，5月份被套300多点时最低权益已经萎缩到23.8万元。他打听自己的期货账户情况，因为按国家要求干部须申报自己的投资，我怕他心惊，还安慰他说不要紧，只要按照规则做鸡蛋，很快能补回来。果真补回来了，我跟他汇报，他很惊讶，直呼厉害。其他账户也都恢复到了几年前的本金水平。

我信心爆棚，跟几位朋友说了此事，劝他们设立账户，我给他们操作。有五位朋友在9月份设了账户。我跟他们说，做期货的确能赚钱，但是做期货也是不归路，这里的区别就是不能他们自己做，一定要我来做，等我不干了，就把账户销掉。这话我从内心认为是正确的，我不能害他们。

我之所以劝他们赶紧设立账户，是因为我规则的第二条：每年9月到来年4月，要做鸡蛋09合约与05合约的对冲套利。因为这个时期05作为主力合约震荡频繁，如果按照均线操作则过度追涨杀跌得不偿失，不如在95价差三四百点时做多09空05的对冲。我统计了鸡蛋上市三年来这个对冲组合的套利数据，有将近1000组对应数据，最小的时候是190点，而最晚4月份都能扩张到700点，2016年4月甚至扩张到了900点。

这样，在2016年9月下旬，我给20个账户开了对冲单子，多09空05。本来以为第一天09新合约上市价差会低于400点，没想到价差一下子就开到了450点，我没敢开。到第二天还是高走，我才慌了，赶紧在将近500点时开了仓位，不敢多开，怕被套严重，每10万元资金开了6手，可以扛到价差缩减至0，我相信这不可能。开完仓位，我就天天只观望不动了，等着95价差扩张到八九百点，也等着价差缩小，计划每缩小100点便加仓1手。我跟大学同学班长的老婆（她是新开账户的主人）说："这波对冲至少能获利18%，即使按照现在最基本的仓位6手算，价差扩张到300点便获利1.8万元。你是10万元账户，正好增值18%。"

同时，2016年第四季度1705合约走势稳健，一路上行，上涨到了3700。这时候也到了12月份，鸡蛋期货过去三年里每年12月份都是跌破20日线、30日线，是春季大跌的起始。我2014年底还不懂鸡蛋的季节规律，没有及时进场开空，后来进场开空却又被震荡反弹吓得止损而走，甚至按照所谓短期均线的多头趋势而开了多单，幸亏平多止损了，否则2014年12月31日那天大跌必让我亏损累累。2015年底我也做过05的空单，但是那是低位震荡，来回进场来回止损，我被整得最后依据看空均线只敢轻仓试空了，春节过后下跌了200点我也没赚多少。现在又进入12月份，跟2013年底和2014年底的图形一模一样了，我理应准备好条件满足了就进场开空。

终于，2016年12月8日，1705合约跌破20日线。按照标准，我尾市进场开空，所有账户先后敲击，手都哆嗦，10万元账户的开3手，依此类推，开空价位3520。

# 第四回　长线操作才能抓住必然性

2016 年底，我持仓两个：一个是 95 对冲；另一个是单向做空 05。95 对冲单子庆幸的是价差没有缩小，而是慢慢扩张着，无须担忧补仓资金问题。单向 05 空单则让我操透了心，开仓后没有两天就出现了一根阴线，而且震荡了 7 个交易日，且上蹿幅度挺大，最高时套了 60 点，这要在过去我会急忙平空止损，但是这次我坚定持空信心，相信鸡蛋的季节规律，震荡完毕铁定下跌，果然到第 8 个交易日又来了一根长阴线。之后，我继续接受震荡接受反弹，最扎心的是 2017 年元旦后，1 月 11 日反弹了 118 点，涨幅 3.5%，把我曾经 200 点的浮盈都给吞没了。这让我珠海的大学同学老陈非常得意，他一贯教导我要学会短线操作，及时止盈，高抛低吸挣得更多。但是我都不学，**我坚定地认为短线操作是随机性运动，没有可靠趋势。我坚信长线是金，甚至信仰长线是金，哪怕坐过山车也要坚持长线，**否则就没法赢取后面的几百点利润。**高抛低吸对散户最具诱惑力，高卖低买多好啊！问题是，谁能做得到？**股票期货散户芸芸，都想这么做，而有谁能做好？**高抛了踏空了，低吸了套住了。**理想很美妙，现实很讽刺！所以，我根本就看不上它，不做！

这次过山车让老陈可以更加理直气壮地教育我了。

但是，最终的胜利属于我。到 2017 年 1 月 26 日，95 价差扩张到 800 点以上，我按捺不住内心的急切与不安，解除了 95 对冲，考虑到 05 合约整体下跌幅度从 3700 到 3300 才不到 400 点，后市还有下跌空间，便只平掉了09多单，保留了05空单，相当于在3300位置进场开了05空单。这种操作只是转移了持仓，没有加大仓位，仍然是继续追随趋势，相当于让利润奔跑。这个跟浮盈加仓是不一样的，**浮盈加仓的最大危险**有两个：一个是仓位过重；另一个是过度追空或者追多。这使得价格稍有反向运动便产生巨大浮亏，远不如既有仓位安全和盈利稳定，所以，做期货有句俗语：**浮盈加仓，利润泡汤**。

这次对冲操作果然把20个账户统统增值了18%，但是后面3月中旬95价差达到了1100点，我少赚了300点。到2017年3月8日，05合约又收一根阴线继续破位，单向05空单收益扩大，我又是按捺不住内心的急切与不安，因为前一天跟我弟弟汇报时，他说："挺好！还是不要太贪了，差不多就平了吧。"他之所以说这话，是因为2014年6月20日我做多橡胶，当天大涨，后面几天接着上涨，我操作的账户都获利不少。我弟弟账户增值了3万元钱，当时他就说："别贪了，差不多就行了。"我说："按照均线来吧，可以挣更多。"没想到，才3天工夫就慢慢跌下来，等一根700点长阴线跌破均线不得不砍仓出局时，已经抹去了所有利润并造成了大亏，我弟弟的账户反倒亏了几万元。

在橡胶上纯粹依据均线而大亏，这个打击对我来说刻骨铭心，也是**我后来将操作品种转向鸡蛋的根源**之一。那两年除了橡胶，还做过螺纹钢、铁矿石、PTA、豆粕、菜粕、棕榈油、大豆、玉米，那些品种的共同特点就是没有季节周期，周期长，以好几年为周期，没有必然的涨跌大势，只能以均线为准进场出场，但是骗线较多，主力做出均线突破的样子诱惑散户进场。而鸡蛋不同，**鸡蛋有客观的每年三个小周期**，行情启动时间固定，涨跌趋势方向固定，幅度也大致固定，加上均线共振（即均线符合季节大势时）的判断，成功率要高得多。还有一点，很多中国品种跟外盘美盘太紧密，简直就是外盘的翻版，是外盘品种夜间走势在中国第二天白天的影子，跳空频繁，直接被屠频繁，所以流传着中国特有的期货俗语：持仓不过夜。可是，不过夜的持仓，哪里能赚到大趋势?

弟弟过去在橡胶上“别贪”的话言犹在耳，这次鸡蛋又是这么磨人熬人，我心神不定了，毕竟赚到了 300 点，便见好就收，左侧交易平掉了所有空单。

虽然没有等均线，但是整体效益已经好到不是过去任何一次操作所能比得了的了，这两单（95 对冲套利和单向空 05 合约）硕果累累。

2017 年 5 月 4 日，我又做了一把 1709 合约空单。当它反弹过后再次跌破均线时我进场开空，两天后跌停，其后又跌，我持仓价格是 3850，最低跌到了 3370。我计划按均线原则平仓，以为还会大跌，却在 6 月 1 日拔地而起，我只好在 3587 最高处平掉了空单，获利 200 点。

这三单，让 20 个账户少则增值了 35%，多则增值了 40%，那些 2014 年设立的账户全部弥补了前几年的亏损并盈利了 1/3 多，2016 年 9 月设立账户的主人们更是乐坏了。

# 第五回　2017 年 8 月抹去了全部利润

人无远虑，必有近忧。乐极生悲。没想到，**2017 年 8 月，我按照规则死扛 1801 空单，竟差点把所有账户的所有利润全部抹去。**

1801 合约大幅拉升之前，7 月一直在均线上方缓慢震荡攀升，持续了 20 个交易日，我持有 01 空单也曾不安过：会不会拉起来？若真从 3900 拉到 4500，我会爆仓吧？网上天天看到网友们爆仓爆仓的，爆仓对我来说就是世界末日。我忧心忡忡地问忘年交哥们儿："真要涨到 4500 咋办?"他犹豫地表示，不会吧。我从内心深处也认为不会，现货是从 2.00 元发射的"火箭蛋"，到 4.00 元绝对顶天了啊。秋季回落，应该跌到 3.50 元，现在 01 合约 3900，后市应跌到 3500 才合理，怎么可能在 3900 再拉升？我甚至认为，现在这种情况将是"横有多长竖有多高"，当然，是往下竖不是往上竖。最后，我俩决定最迟等到 7 月 19 日，那天就会开跌。2016 年 01 合约是 7 月 19 日开跌的。7 月 19 日过了，没跌。又说再等到 8 月 13 日，那天就会开跌，过去三年最迟一年就是 8 月 13 日开跌的。但是，还没等到 8 月 13 日它就已经涨破了天。

8 月 5、6 日周末两天我彻夜无眠，懊悔已经变成恐惧。如果我继续坚持，可能就会爆仓，所有账户的资金就会灰飞烟灭，那不是断胳膊断腿，不是高位截瘫，而是无影无踪，不止损的结果就是把人生都亏进去。

多么令人哭笑不得！我主观认为 01 合约 8 月不会涨，灵魂深处不愿承认自己的判断错误、操作错误，坚决执行交易纪律不走样却眼睁睁地看着自己亏成了狗。

# 第二部分
# 走麦城之前还犯过错误，少赚很多

就在止损前一个交易日——2017 年 8 月 4 日，01 合约大涨 172 点，涨幅 4.2%，那天已经有两位朋友对我提出疑问。

俩人的共同疑问是：鸡蛋 1801 合约大涨，明显是多头趋势，你为什么持有空单呢？

他们不敢说自己懂鸡蛋，但是他们都知道期货投机的基本准则：顺势。

# 第一回　不坐陌生人的车

我在微信里洋洋洒洒地写了几百字回复两位朋友，意思是鸡蛋有必然的季节周期，8 月铁定下跌，现在持空没有危险。我告诫自己只要不逆大势，就永远不会坐上“陌生人的车”。

结果却是，我正好就坐上了陌生人的车。虽然大势必定下跌，但是短期狂拉，狂拉几百点，会把我彻底拉爆的，20 个账户会一分不剩的。

这是我在 2017 年 8 月 5 日才悟过来的，那天是周六；然后是周日，夜不成寐，辗转反侧，逆势死扛，最后真死。这两夜，跟过去所有操作错误之后的懊悔、悲愤、生不如死的状态一样，不，是更甚！

周一集合竞价，我 20 个账户全部高打买多平空。那天，我专门早早地跑到单位，单位有无线网络。我带着自己的笔记本操作，谁知那天无线网络不通畅，好不容易进了账户，委托单子下了页面却不动，最后开盘了也不知道委托单子打进去没有，重打。往市场价追高了平空，手忙脚乱，晕头涨脑，最后结账，集合竞价的最低价买多平空我有，占便宜了。开盘后冲到最高的高价买多平空我也有！吃了大亏的，就是我弟弟的账户，是最高价 4390 买多平空的，亏损 500 点。

还有更虐心的！我止损第二天，大学同学班长的老婆跟我联系，说不想做了，要把资金撤出账户。看见这两天的鸡蛋期货害怕死了，利润说没就没了，本金都可能大亏，期货风险太大了，不做了。平地响惊雷，把我震惊了。我很难受，为我的错误，也为朋友的失望。但是，我并没有丧失信心，如果不是我死扛，那么账户年增值至少在40%，她本金是10万元，已经增值到了14万元，她元旦时已经很高兴，跟儿子商量着增大了投资，加10万元。春节时更感惊喜，又入了5万元，合计连本带利应该是30万元了，但是这一亏，成了26万元，相当于只赚到了1万元。我郁闷无奈，说："我理解你，但是我的错误在于规则本身制定错了。我修改规则，把'死扛'那一条去掉，就能避免以后再发生那样的亏损。这样吧，你留下5万元让我做，看看效果。"她同意了，留下了5万元。

# 第二回　2017 年上半年的两次错误

这次走麦城是 2017 年的错误之一，不是唯一，另外的错误是错失三四月份 05 合约或者 09 合约的大跌行情和 6 月份 09 的“火箭蛋”发射，但那两个错误只不过是没赚钱，并没有亏钱。

2017 年 3 月，大连商交所开始实行新的鸡蛋交割制度，总体上是便利套保户交货，应该是利空期货交割价。原来交割月前最后一个月的最后一天一般是期货价格高于现货价格二三百点，也有平水交割的。这次按照新交割制度，没想到 1703 合约最后一天是升水现货 400 点，远超预期 2500，而现货才 2. 10 元，相当于 2100。这个升水幅度让我担忧，如果照这样，中秋节现货将达到 3. 60 ~ 3. 70 元，升水 400 点进入交割，则 09 合约 8 月底的价格至少应该是 4100，而 3 月份 09 价格已经在 4100，正好，后市不应该下跌了。对应地，05 比 09 低八九百点即为合理，09 是 4100，那么 05 就应该是 3300，3 月份正好是 3300，也没法下跌了。即使 3 月那个时候 09 升水 2400 点，05 升水 1000 点，我也不敢看空，被 1703 合约在新交割制度下升水 400 点进入交割月误导了。

我的这种主观想象、主观逻辑代替了市场逻辑，所以在 3 月末 05 合约和 09 合约都跌破均线时我没有跟进做空。最后是，05 从 3300 跌到 2300，09 从 4300 跌到 3370。

1704 合约却是以 40 点升水进入交割月，我的所有依据升水 400 点的计算实际上都是不成立的。

接着是09合约“火箭蛋”发射，我又错过了。从09升水2400不会下跌的主观判断，一下子转到了另一个极端。四五月份09大跌到3370，升水还有1200点，我反倒认为它还得跌。我的判断是，历史上现货“火箭蛋”发射高度是春季最低点的50%～70%，现货今年最低是2.00元，那么“火箭蛋”高度就是最多3.40元，现在09就是3400，还怎么涨？总要先跌跌再涨嘛。所以，6月1日09减仓大涨越过均线时，我只是害怕逆势持仓而平掉了09空单，并没有依据均线原则进场开多。结果，后面十几个交易日，09涨到了4070，总体涨了700点。

这两波错失，保守算，少赚了1000点，10万元资金至少开6手，就是少赚了6万元。

死扛01合约空单大亏后我曾想，如果这两把赚了，那么8月死扛01即使大亏，也还是整体上账户增值很多。但是后来想，这个逻辑不对，如果春季的一跌一涨赚到了，资金多了，开空01的仓单也会多，那么赔得也会多。

# 第三部分
# 难以走出麦城阴影

2017年8月7日，已实亏400多点、止损1801空单，以往这个时候都应该是季节下跌的日子了。过去3年，早的话是7月19日开始下跌，晚的话是8月上旬开始下跌，都应该是拿住空单快乐地享受空头趋势的好日子。

2017年是蛋价的第二个熊牛转换年，3月份最低点现货是2.00元，创出了10年来最低。6月开始大涨；到8月涨到了4.30元，涨了一倍多，这是过去多少年也未见过的“火箭蛋”相对高度（涨幅）。

鸡蛋期货上市3年，第一个熊牛转换年发生在2013年底和2014年初。在2013年下半年禽流感发生、大规模捕杀蛋鸡的影响下，第二年鸡蛋供不应求，春节刚过就开始了上涨。过去10年，鸡蛋现货熊牛转换则是发生在2014年底，“火箭蛋”发射幅度并不大，最多是70%，如果3月份最低是2.00元，9月份最高也就是3.50元。2017年熊牛转换发生在年中，现货“火箭蛋”发射幅度之高令人惊愕，而期货1801的上涨时间滞后和涨幅之大也令人惊愕。

我建的鸡蛋期货微信群讨论热烈，大家疑惑：每年“火箭蛋”发射之后的季节回落还会有吗？现货肯定会有回落的，关键是期货01合约还会提前一个月反映现货的中秋节后下跌吗？

1801合约多头排列中，我不敢摸顶，不敢逢高卖空，刚刚吃了大亏，不敢犯同样的错误。等着吧，没有办法。

# 第一回　修改规则

在等待过程中，我对这次逆势死扛痛定思痛，修改了规则，取消了“轻仓死扛”，并且加上了“均线与季节周期共振才开仓”，即均线是第一判定标准，季节周期成了辅助的，均线符合季节周期才行，否则不开仓。例如，现在的01合约，均线还是多头排列，季节周期是不是还能发挥作用尚无法得知，只有均线跌破20日线、30日线，才能判定季节下跌周期还会发挥作用。开空标准成立后，一般距离高点就已经跌去200点了，如果均线陡峭，则距离高点更远。再就是依据过去的走势，01合约“火箭蛋”之后的季节回落整体幅度也就500点，扣除高位下来破线才进场开空必然丢掉的200点，能赚到300点算是满满的了。

进场开空标准和持空标准、止盈标准都确定了，就只需看看期货01合约的季节周期是不是还存在。

## 第二回　2017年8月23日，进场开空

庆幸的是，我在4390以下追高平空止损，最后在8月21日，1801合约涨过了4600，如果死扛空单该是多么可怕。

令我欣慰的是，8月23日1801合约砸出一根长阴线，第二天再跌，第三天跌破20日线。这三天，按照均线原则我逐渐开了一半空单，价位在4370一带，比最高点跌去250点。刚刚大亏，已经是杯弓蛇影，心态脆弱得很，不敢开大仓位。

## 第三回 主力资金再强大，也只能提前或延缓行情的启动和结束

重要的是，市场验证了一个规律：即使熊牛转换年，8 月份 01 合约也是要提前反映现货预期的下跌而先行开跌的。庄家资金力量再强大，也不能消灭鸡蛋期货的季节周期，最多是提前或者延缓周期的启动，提前或者延缓行情的结束。

因此，我有了底气。遵循季节周期，按照过去的惯例做出计划和执行操作便是，止盈目标已经确定，高低 500 点，盈利希望能到 300 点。

可是，刚刚走过麦城，阴影难除。

# 第四回　操作细节的优化，按计划见好就收

麦城阴影难以消除的第一个表现是不敢坚定持仓，惊慌中追高平空止盈。开空后第一个念头和准备是做好了止损计划，以最上面的均线为准，4490。还好，后面 11 个交易日都是震荡向下的，空单浮利已经达到了 200 多点。9 月 8 日，最低点 4122，已经比前期高点低了 500 点，符合跌幅标准了，但是浮利只有 250 点，不够 300 点，当日收阴，想再等等多赚点儿。9 月 11 日，现货大跌，我预计 01 合约会大跌了，可以逢低止盈了，01 却低开高走，开盘还是 4120 一带，反弹得很厉害，“噌噌”往 4200 奔去。此时，我还算镇静，跟我的忘年交哥们儿说：“不怕反弹。即使触底返身了，后市也肯定还有再次探底的时候，等再次探底到 4120 一带，我们就平空止盈。”但是多头疯狂，反弹竟然达到了 4218，浮利这么急速缩减，我一下子慌了：是不是 V 形反转了？高低 500 点已经见到，是不是应该平空出局啊？万一浮盈继续缩减缩没了呢？我冲动地想立即平空，但是考虑到我 8 月在 01 上是独自决定死扛的，没有征求朋友们的意见，所以赶紧在微信上询问另一位分析技术指标头头是道的同事老胡。过了一小会儿，他说：“从技术上看，反弹可能会延续，可以空单先出来躲躲多头锋芒。”我如获至宝，即刻“噼里啪啦”把 20 个账户的空单都平了，平在了最高位，4215，本来可以赚 250 点的只赚了 150 点。我的操作立马受到我原来当工人时电厂工友老崔的指责，他气愤地说：“你又犯主观主义错误！至少应该按照均线来啊，哪怕最后上穿均线一分钱没赚也认了。你看着吧，你在

4215 平空，它一定会跌到 3900，你后悔死。”我以历史上历次 01 下跌幅度基本都是 500 点为限替自己辩护，但是老崔不认可，之后还天天指责我。最后，我俩是各胜一半：01 最低跌到 4050，我本可以多赚 100 多点的，整体利润可以达到 300 点；但 01 也没跌破 4000，老崔的 3900 也是主观主义。

01 合约做空，捞回一点儿损失，账户好看一点儿了。班长同学的老婆又往账户里加了 5 万元，成了 10 万多元，还鼓励我说，如果赚钱了分给我一半。

麦城阴影难除第二个表现是操作急迫，怕价位高了买多不合算，早早买入却被套。做空 01 合约多少赚了些钱，提升了我的信心，但接着便是一个错误。在现货连续下跌的背景下，01 竟然在 9 月 21 日由大跌转为尾市放量狂涨，第二天高位震荡。我看已经在 20 日均线之上，且符合低高 200 点之后进场的标准，便在盘中开了多单开始做例行的 10 月反弹，价位 4215，谁料当天便入套，尾市收在 4177。我懊悔，为自己的毛躁。如果以日线为准，那就应该等到尾市再操作，盘中越线有可能是假象，收盘并没有在 20 日线之上，比 20 日线低了 20 点。

这次操作令我检讨心态不稳、每临大事无静气、没有等到条件满足便着急入场的问题，实际上我没有做到顺势。又恰逢周末现货大跌，估计周一 01 合约会下跌，便计划周一集合竞价低打卖出，平多止损。周一低开低走，尾市比我止损价位低了 50 点，我庆幸，但是其后并没有继续下跌，而是震荡三天后又重新走强，并一路上扬开始了 10 月反弹。这次做多操作的损失把前几天做空 01 的利润全都抹去了，甚至使得原有本金再次缩水。

这次错误操作再次惊醒了我，以后再也**不敢盘中开仓，**既然是按照日线标准，那就一定要等到尾市日线基本确立了再说；如果日线最终未成，那就减少了一次错误操作，也就增大了胜率。后来，12 月 18 日和 2018 年 1 月 2 日、3 日，对于 05 合约空单的止损计划，我都抑制住急迫的心情，盘中上穿上面的日线不算数，一直等到尾市，看期价最终没有上穿最上面的均线或者 30 日线，我便没有操作。日后期价又跌下去了，我避免了一次追高买多、平空止损的错误，感到庆幸和欣慰。

麦城阴影难除第三个表现是不敢再试错，导致没有做 01 合约 10 月的反弹和 05 合约 12 月的反弹。9 月 22 日，我盘中错误开多 01 后注意到，01 比现货升水 300 点，还能不能有历年的周期反弹存疑。过去三年中，一年是弱反弹，两年是强反弹，但都是贴水和平水。01 升水 300 点无疑会限制反弹，这令我对跟进反弹充满了恐惧，生怕再遇到止损，半年了都没赚钱，净是赔钱了，再来一次止损，心脏都会碎了。后来 01 走强，9 月 29 日越过了 20 日线，且低点到高点有 200 点，符合参与反弹的条件，但是我最终也未敢进场做多。如果参与了，可以赚到 200 点，也可以因为升水而降低获利，期望赚到 150 点便走人也挺好。

在 05 合约 12 月份回调后的反弹中，我也没敢参与，原因是历史上这个时间段 05 总是震荡，我怕反弹不可靠，不敢按照均线试错买多。最后，反弹最大幅度是 200 多点，如果按照均线进场是可以获利 200 点或者 150 点的。

# 第五回 敢于试错才能赚钱

期货操作的第一动力是赚钱，但**每次操作其实都是试错**，反倒要把止损放到第一位，因为即使正确的、完美的操作规则也不能做到百分之百的胜率，总有小概率错误的发生，总有赔钱的概率出现，我们能做的合理的、必需的后续操作是错了就止损，截住亏损让利润奔跑。怕错误而不试错，也便是怕操作而不去赚钱。

试错，是概率游戏的必需选择。既然是概率游戏，就要严格执行每一个进场信号，不能犹豫，不能漠视，不能置之不理。如果犹豫，如果漠视，如果置之不理，可能错过的就是超级行情，如2008年经济危机那样的大跌，2010年复苏那样的大涨，还有2014年“黑五类”（铁矿石、螺纹钢、焦炭、焦煤、动力煤）那样的大跌，2016年“黑五类”那样的大涨。所以，坚持科学的概率投机方法的交易者，其口号就是：宁肯做错，不能错过。做错了，止损即是，止损是盈利的组成部分，没有止损就没有盈利。

另一种观点却是：宁肯错过，不能做错。在大周期大趋势大拐点进场时机上，这个观点明显是要吃后悔药的。既然不是百分之百的胜率，凭什么你就事先断定是错误的？凭什么你事先断定这次错过的就不是历史上最大的行情？所以，这明显是糊涂虫，不懂概率论，不懂胜率，不懂盈亏率，不懂截住亏损让利润奔跑，完全是主观主义，是耍小聪明，貌似精明实则愚蠢。以这种思想指导投机，岂能赚钱？

不过，我10月这两次错失主要应归结为经验不够，升水制约上涨，贴水制约下跌，跟历史不一样的形势下，操作谨慎为上是对的。实践出真知，以后就可以据此大胆试错了。

## 第六回　11 月底账户再次大幅缩水

这是两个操作造成的。

一个是 2017 年 9 月 27 日，**我再次建仓多 09 合约空 05 合约的对冲套利单子**，起始价差一步达到 550 点，比 2016 年的介入价差 500 点还高。2016 年 9 月到 2017 年 3 月，最低价差就是我介入的价差，500 点。最高价差是 3 月中旬的 1100 点，我是在价差 800 多点时获利 300 点解除对冲止盈出局的，并没有做到头。那次成功对冲套利实践鼓舞我继续做 95 对冲，但是这次遭遇了大幅浮亏，价差没有扩大而是缩小了，到 11 月 29 日，竟然缩减到了 300 点。我持仓两个月反倒每千斤浮亏 250 点，每手浮亏 2500 元，10 万元资金开仓 6 手，便是浮亏 1.5 万元钱，光这一项，资金便缩水了 15%。

10 月 30 日，05 合约跌破 30 日线，按规则我进场开空了。但是 11 月 16 日，05 又上穿 30 日线，按规则我又平空止损出局。这一把是实亏，亏了 50 点，10 万元资金开仓也是 6 手，便亏了三四千元钱。

面对账户再次大幅缩水，我倒是很有信心，跟我当初安慰弟弟的话一样：不要紧！只要按照规则做鸡蛋，账户很快就会做起来。

# 第四部分
# 重登征程第一战：
# 2017 年 9 月对冲 95，12 月单向空 05 合约

计划每年三个战役：春节后现货蛋价立马跌 1 块，但是年底前现货会震荡反复，所以稳妥操作应该做年底和上半年的多 09 合约同时空 05 合约的对冲套利战役；春夏之交现货蛋价会逐渐从低点上涨，所以要有做多 09 的战役；中秋节之前现货会从“火箭蛋”高位回落，所以应该有做空 01 的战役。现在进入第一个战役，多 09 空 05 的对冲之战。

## 第一回　赚钱的操作重复做

股票期货投机有一句名言：**赚钱的操作重复做，让赚钱重复。**

这句名言简单而富有哲理，也具有很强的可操作性。既然是过去证明的有效的赚钱方法，那就重复去做，让赚钱重复便是，何必弃置不用而再去摸索？实践证明，很多摸索和悟道是瞎费工夫，是不断地赔钱。

我在 2016 年 12 月 8 日 1705 合约跌破中期均线时进场开空，坚持空单 3 个月，不怕震荡，不怕浮利缩减，不怕 200 点利润被抹去，最后获利 300 点，后来人家又跌去 900 点，说明按照规则抓住鸡蛋春季大跌趋势是可以赚到大钱的。如果条件相同，再次出现那种走势，就应该重复那样的操作，也就可以重复赚钱过程。

2017 年 12 月 6 日，相同的条件又出现了。时间相同，12 月初；位置相同，涨到高位；图形相同，高位跌破均线。1805 合约跌破了 20 日线，可以判断是 05 再次提前反映鸡蛋现货春节后的下跌预期，理应跟进开空。

我做了，每 10 万元资金开了 3 手空单，没敢开 6 手，是因为此时又遇到了升贴水困扰。05 合约这次是贴水几百点，而 2013 年底 05 是升水 200 点，2014 年底是升水 400 点，2016 年底是升水 500 点。升水自然有内在的回落冲动，贴水则理论上是下跌动能不足，2015 年底就是贴水七八百点，结果春节前两个月一直是震荡反弹，过了春节下跌 200 点便到底了。2017 年底，05 升水几百点，跟这一年我关注的 09 升水和 01 升水一样造成了我的判断困难，我不敢按照季节周期大仓位操作，甚至在 09 和 01 上不敢操作。

但可能是 05 合约在 2017 年底绝对价位高达 4100，比 2015 年底同样贴水幅度的 05 价格高出 800 点，这次 05 下跌竟然很流畅。两次看着都要强烈反弹越过 30 日均线了，多头却主动放弃进攻，被空头轻易再下一城。

到 2018 年 1 月 16 日，我 05 合约 20 个账户里的空单均已获利 220 点，10 万元资金获利 6000 元钱。如图 4 –1 所示。

**图 4 –1　鸡蛋 1805 合约 2018 年春季做空**

同期 95 对冲情况见好，从 2017 年 11 月 29 日 95 对冲单子价差缩小到 300 点，到 2018 年 1 月 19 日，对冲价差返回到 500 点。浮亏大幅缩减，浮亏 250 点缩减到 50 点。

我没有开够 05 合约单向空单的那 3 手计划逢高加空的资金，转去开了 3 手 95 对冲单子，因为一直想等 05 强烈反弹之后再次跌破均线时加空，但是它一直没有反弹过均线。现在已经比理想开仓位置跌去 200 多点，此时杀跌加空属于过度追空，风险较大，不如在价差 450 点时加仓对冲单子，可以期望最终会有至少 300 点套利，以免彻底踏空。

单向 05 合约空单获利和对冲单子价差重返 500 点，令我重新提升自信，玻璃心向钢铁心转变，决心重复 2017 年的赚钱做法，不怕震荡，不做短线，坚信规律，坚持长线是金，哪怕浮利缩减，甚至浮利 200 点被抹去，也要把单子拿到底。过程不要紧，关键在结果。

我预计，现货在春节前最高就是4.50元了，按照惯例，过了春节立马就会跌到3.50元，春季再跌就到3.00元了。对应地，05合约会朝着3000进发，加上交割成本，也会跌到3200，现在是3700，向下还有五六百点的空间。对冲套利单子，即便95价差最终扩张到700点到1100点，我也会有300点到700点的利润空间。

# 第二回　坚定长线持空是原则

05 合约的春季下跌是个长过程，会有很多变数，如现货的、期货的、鸡病的、天气的，对持空散户都有干扰和威吓作用。2018 年进入 1 月下旬，华中、华东和西部地区降雪，天气严寒，高速封闭，导致鸡蛋运输困难，三个鸡蛋消费的旗帜性大城市——青岛、上海、北京，现货大佬们便拉抬蛋价，连续上涨好几天，使得期货 05 多头大佬借势拉高期价，将他们这段时间蛰伏吸纳的低价多单在高位抛出，吃短线空头和不坚定的中线空头的止损止盈盘。其实，每日里期货大佬们敢于逆季节大势做单，也是因为他们能翻云覆雨、掀风搅浪，凭借资金实力，高抛低吸，打短线客的止损盘。但是现货大佬们也是分化的，有的想涨有的不想涨，做期货空头投机的还会盼跌，1 月 25 日之后现货就分化了：青岛涨涨跌跌，上海强力稳定，北京开始报跌。这种市场化非垄断局面，可以使鸡蛋价格的季节性周期波动更为稳重和顺畅，也使得我这种 05 空头小散户免除了忐忑心情。

# 第三回　散户做期货是条艰难的路

2018 年元旦后，我操作的账户又增加了一个，是单位图书馆同事老张的。他还在图书馆返聘，年底见到我，说："你有什么投资门道给我介绍一下，钱不够用啊。"我想起了那 20 个账户，想起了 2016 年 10 月到 2017 年 5 月每个账户赚到了百分之三四十，想起了 8 月死扛 01 空单大亏之后修改了规则，想起了按照新规则制订的年度计划有辉煌的理论上的利润空间，便对他说："既然你主动这么说，那我就跟你说说这么做行不行。我现在做鸡蛋期货，有能力每年赚一倍，即使这海口太乐观不合适，赚到百分之三五十是手拿把攥的。你开一个期货账户，跟你银行账户挂钩，资金绝对安全，谁也不能动你期货账户里的钱，我也不能动；要转钱也是转到你银行账户上，转不给别人。我替你操作期货，就做鸡蛋不做别的，每年增值一些。""我不懂，这行吗？""我现在操作着 20 个账户，胸有成竹。我现在真是觉得鸡蛋期货就是聚宝盆、摇钱树。"然后，我跟他讲我的走麦城，讲大亏之后规则已经完善，讲新计划的惊人利润预期。他眼睛发亮，兴味盎然。

他后来又到图书馆我的笔记本电脑前看我盯盘，我又给他上了一堂期货风险课，跟我对那 20 个账户的主人曾经说的一样："我让你开期货账户，实际上是把你引上了不归路，如果你自己做的话，可能会倾家荡产。做期货的散户，99% 都是赔的，因为期货里每天机会太多，每时每刻都有赚大钱的机会，没有散户能抵御这个诱惑，会乐此不疲地买卖。但是这些机会同时也是陷阱，因为短期价格变动都是随机运动，随机运动难以把握趋势，频繁操作实际就是靠运气。这就跟股市一样，只有长线持仓做大趋势的才能赚钱，做短线的每天在市场里忙乎最后肯定都是赔钱的。我之所以敢说我操作鸡蛋期货是赚钱的，就是因为我从来不做短线，只做大的趋势，长线持仓。长线是金。”我给他看鸡蛋长线价格变动 K 线图，指着高点低点佐证我的观点。我又说：“那么**我的这套鸡蛋规则告诉别人，别人不是一样赚钱嘛，实际上不会**。第一，别的品种有数不清的机会，放弃别的品种只做鸡蛋，没人干。第二，单纯做鸡蛋，每日跌多了涨，涨多了跌，压力位跌支撑位涨，这种短线机会也多得是，每天赚钱的机会也多得是，放弃这些机会，也没几个人能做到。第三，即使只做鸡蛋，即使只做鸡蛋长线，但还有一点是无人能做到的，就是产生浮盈之后又没了，被庄家操控逆向运动打没了，比如我现在持有 1805 合约空单，已经获利 100 多点，等获利 200 点之后，一个反弹一天就能抹去，200 点利润没了。谁能接受？散户为了不失去这 200 点利润，就会千方百计寻找短线指标以求灵活操作及时止盈，不让多头庄家的震荡反弹危及自己的浮盈。但是，一旦使用短线指标搞所谓的‘灵活处置’，也就走到了短线路上，最终必然赔钱。**做期货散户们跨不过去的不是技术，不是窍门，不是绝技，而是心态，是能不能有不兑现 200 点浮盈的心态，能不能有宁肯舍弃 200 点浮利的心态**。浮利 200 点是什么概念？10 万元资金开 6 手就是 1.2 万元的利润，就是账户增值 12%。所占用保证金是 3 万元，1.2 万元就是所占用保证金的 1/3 还多。所有这些都舍弃、都变为零，能接受？散户，99% 是不能接受的。而我，是能接受的。我不怕丢失 200 点利润，10% 的利润没就没了，所以我才能从期货里赚钱。”

这番话他信了。我估计没几个人不信，否则我那 20 个账户从何而来？老胡就曾经说：“你总能把人说得热血沸腾、周身膨胀。”但是他下一句却是：“这些年也没见你把我的账户做大，反倒今年一笔勾销了那么多。”

老张很快开好了账户。我让他到我开户的期货公司开的，我说不是我跟这个公司有介绍客户提成，我是为了操作软件界面一致、熟悉，不用担心打数字打错了地方，我操作的那20个账户除了外地的几个，都是这个公司开的。

老张元旦后打入10万元，早已错过了逢高开空05合约单向空单的时候，我不敢过度追空，只好开了10手95对冲单子，是价差450点开的。我相信历史会重演，最迟4月份就能扩张到少则700点多则1100点，赚到三四万元是肯定的，而且我也很有信心到2018年底给他账户增值到30万元。

# 第四回 期货三原则，鸡蛋期货十原则

憧憬诱人，却也常常让人莫名不安。期货投机有句俗话：**只要你还在投机路上，就总有致命陷阱在前方等着你**。的确如此。自己总可能有错误操作，不能及时纠正就会导致账户彻底完蛋。2017 年 6 月到 8 月，我在鸡蛋 01 合约上就先是没有等到均线与季节周期共振便进场开空，后是根本不相信能涨起来而在上穿均线时不及时止损，到最后恐惧至极，不得不止损时已经要卸胳膊卸腿了。

归纳起来，**陷阱就是**期货那三原则的反面：**逆势、重仓、不止损**。无他，容易辨认。

但要命的是，这些陷阱常常到最后不是陷阱而是一窝金子。逆势有时候比顺势更能挣钱，很多散户热衷摸顶抄底，就是因为多数时候左侧交易买在低位卖在高位比顺势右侧交易成本更好，重仓获得的效益当然更大，不止损死扛到底常常是不仅不死而且活得更舒坦。

正是期货三原则的两面性、模棱两可性，使得人们常常漠视它们，慢慢掉进陷阱，最后被吞没。

对鸡蛋期货来说，期货三原则可以具体化为十个原则，也就是十个正确的操作方式。我把相反的即错误的十个操作方式写成了顺口溜：

期货凶险，不得不惧：多数赔钱，一人挣钱。何以如此？仔细拆析：一条一条，逻辑必然。散户特征，共有十种，即使犯一，也是大凶。**第一摸顶**，抄底亦是，总怕晚了，利润少了。**第二逆势**，开仓加仓，自认顶底，主观荒唐。**第三过度，**追空追多，山底看空，山顶看多。**第四死扛，**不肯止损，焉能认亏，最后真亏。**第五重仓，**总想多赚，浮盈加仓，利润泡汤。**第六短线，**以为灵活，却是折腾，胜率太低。**第七惶惶，**不能持仓，盖因错多，信心没了。**第八贪婪，**不能空仓，到处机会，岂能休息？**第九随性，**操作不定，计划交易，交易计划。**第十转势，**着急进场，日线未成，盘中被骗。坚信赚钱，空叹年年。不做散户，才能取胜。特立独行，要做另类。时时防范，十种错误。

期货散户赚钱与赔钱有着天然的概率偏差。有位网友的帖子从概率逻辑上阐释了这种必然现象，他说："赚钱需要的因素太多，而赔钱只需要一个因素，所以从概率上说，赚钱的概率要远远小于赔钱的概率。"这就是赚钱与赔钱的天然的概率偏差，期货散户赚钱的凤毛麟角，而赔钱的比比皆是，正是由于这个原因。

这就有了一个悖论：如果你永远不跌入陷阱，鸡蛋期货就会每个周期赚大钱。每年赚大钱，世界迟早都成你的了，但是世界都成你的又是不可能的。这个悖论的解在哪里？一个是你不要指望永远不会跌入陷阱；一个是你即使不跌入陷阱也会受到别的因素的限制，而不可能会突破牢笼随心所欲。例如，我做鸡蛋期货，每个账户按交易所规定最多只能开仓 300 手，假如将来 20 个账户都能开 300 手，合计就是 6000 手，而 6000 手单向仓位在鸡蛋期货里绝对是大庄家了。即使主力合约这些年最大总持仓也才 35 万手，2017 年 3 月 7 日 1705 合约就是，但是空头第一名持仓最多也才 1 万手，第二名就是 6000 手，而平日里总持仓 20 多万手时最大庄家持仓才 5000 手。让我去当主力，当庄家，我哪有那本事？我就只能不开那么多仓单，如果分散到其他期货公司开户我又受不了那个折腾。单说我受到开仓数量限制，世界也不可能都成我的。

梦就不做了，具体说当下吧。现在仍然要防止跌入陷阱，一是 05 合约在春节前上穿 30 日线可以不平空，因为春节立即就到了，现货难以上涨，现货过了春节立马跌 1 块，05 不可能形成上涨大势。二是过了春节看现货，如果 3 月份只跌到 3.50 元，那么届时 05 就必须按照均线来了，就跟 2016 年春节过后现货跌不下去，期货自然也就跌不下去了一样。今年也不能太抱幻想 05 还能大跌，上穿均线必须平空止盈出局观望，但也不能无视 05 还会下跌的可能，不上穿均线就拿死空单。平掉单向 05 空单时，也应该解除 95 对冲平掉 05 的对应空单，09 正好保留多单。

老婆被骗子骗过钱。她不愿意让我提及此事。我生气了："你掌管家里一切，还不让我说！"她来劲儿了，立即说："行！我不管了，行吧？你的工资卡我给你。"

可是，她不光是给了我工资卡；还给了我家里所有钱的一半，有存单，还有现金，人民币的、加拿大元的；还给了我厚厚的离婚协议书，让我签字。

我立即把卡和存折、现金给她放她桌子上，她气咻咻地又扔到我床上。

事情传到了闺女那里。老婆照顾我和闺女不容易，操持家不容易，我本想让姑娘和她说说话，让她好受一点儿。闺女在加拿大，微信了解了情况，对我提出了严厉批评，"命令"我向她妈道歉，做好解释。道歉我不干，老婆大人还在生气，闺女也不高兴。

我把钱都转入期货账户做鸡蛋期货去。查了查，四张存折共计有 25 万多元，可以做 30 手 95 对冲单子，那个加元的继续留在家里，人民币能直接存到我账户上。这个事情不能告诉闺女和老婆，等年底大赚再告诉她们。

四张存折有三张是老婆的名字，其中最大的一笔 23 万元也是她的名字。我找出过去留下的老婆的身份证复印件和家里的户口本复印件，去银行转钱。

营业员瞟了一眼，一脸懵："这是啥呀？"

“怎么了？”

“全是美元存折。”

“啊！”我真没想到老婆这么能持家。我情不自禁地对着营业员说：“我老婆这么能干。”

“转钱需要本人的身份证，复印件不行，你这也不能转啊。”

“不转了，不转了。”我离开了柜台。不能转钱去做鸡蛋期货了，我有点失落。

我站在银行的沙发旁边，一张一张地细看存折，美元、美元、美元、人民币，啊？不全都是美元，而且是最大额的那张，23 万元的是人民币。哈哈哈，我说嘛，我家哪有那么多钱。

还得转啊，而且是值得大做特做的金额。这张存折是 2016 年 11 月办的，期限 3 年，转成活期会丢失上万元钱吧，但是跟我做鸡蛋期货的盈利预期相比，简直不值一提。只是，转钱要身份证原件，我还得跟老婆说啊，她一看我真要把钱转走，能同意吗？

但是，不做鸡蛋期货我不甘心啊。我回家直接跟老婆要身份证，她反倒很平静，让我没想到。她说：“大额存单要本人去吧？我跟你一起去吧。”

我不置可否，接过身份证自己又去了银行。

不用本人到场，但是营业员问我们是什么关系，我说是我老婆。

回来的路上，我想还是跟老婆把我的意图说明白，但是不能说去年没赚钱，只把去年上半年的效益告诉她，然后说今年我能赚一倍。不，按照操作计划说，能赚两倍。

我还老婆身份证时说：“美元折子我没动，人民币的我转到期货里了。我做鸡蛋期货去年半年赚了 40%，今年能赚到两倍。”怕她不肯听，我加重了语气。

老婆回应了：“你赚多少都是你的，跟我没有任何关系！但是你这样把存单里的钱取出来，利息就少了 2 万多元。”

我说：“2 万多元算什么，我年底能还给你 40 万元呢。”

“说得好听，赚那么多也没见你拿回家一分钱!”

门又关上了。但是过了一会儿，她又过来了，说：“你把离婚协议书签了。咱俩早就没了爱情，还有一点儿亲情，但总是吵架。你这次这么一来，把咱们剩余的亲情也弄没了。”

我大声回答：“我不离婚！人家多少夫妻都是各管各的钱，也过得好好的。”

“别人怎么着我不管，我就是这么个认识。”她还点出我弟弟的名字，他家也是各管各的钱，但她并不认同。

她不说我还不知道呢，弟弟跟弟妹也是各管各的工资呀。我的负疚感更少了。

她连声追问我：“现在钱都给你了。房子没办法，一个屋檐下，你说怎么过？咱俩还得吃住在一起。你说以后怎么办?”

我说：“那我把那些存折还给你。”我借坡下驴，把三张美元存折和那叠加元放到她桌上。

“1 元钱人民币也没有啊。”

“噢，我忘了，还有卡。”我赶紧把建行工资卡也送过去。

“什么忘了，你根本就是不想给。”

她又过来说：“期货可是风险极大的，你要是把这 20 万元亏光了，怎么办？几年前给了你 20 万元炒股，到现在连本也不见了。”

又提起我走麦城。我说：“现在我有经验了。两倍，没问题。”

“别说两倍，你就是赚 10% 我都佩服你!”她又说：“闺女在那边多忙，会计主管，年终报表，你还告诉她咱们的事，让她难受操心。咱俩的问题咱俩解决不行?”

哈哈哈，事情就这么解决了。但是，转到期货账户的钱回不到老婆这里了。

我闺女有位关系特别好的小学同学，她做股票总是赔，知道我炒股有经验，就通过我闺女询问我有什么办法做好股票。2015 年 6 月中国股市山巅之后大跌，我说你干脆做基金吧，指数基金，ETF，我给你操作。但是大跌之后是震荡，没有趋势性上涨行情，买的基金也不赚钱。我正在鸡蛋上深入研究，操作也逐渐走上赚钱之路，就劝她开一个期货账户，我给她做鸡蛋期货，去年上半年也是增值了 40%。我得意地告诉闺女，闺女不满意："你能给人家赚那么多，啥时候给家里也赚点儿啊！"

今年就赚。

写这些文字时心慌不已，胸口发紧，脊背发凉，不知是因为家庭情况这种剧烈变化，还是因为一份重担？

社会百业，我却投身在风险笼罩的期货里。现在又把家里 20 多万元拿去做期货，我仿佛走向了悬崖。刚才骑车回家的路上，心里惶惶然，我想再理清一些东西给突然非常不自信的自己以力量支撑：期货赚钱的真谛到底在哪里？我对鸡蛋期货的认知是正确的吗？

账户成 22 个了，我自己的账户两年没开张了。计划周一开盘先进 10 手 95 对冲单子，等价差缩小再加仓，还可以逢高开一点儿 05 合约单向空单，现在 05 是 3700 点，春季继续下跌是大概率。

可计划赶不上变化。我的账户闲置久了，余额不到 1000 元，期货公司给休眠了。周一开盘，打开账户能转钱进去，却不能进行交易。微信联系，客户经理说要本人到营业部做一下适当性确认，才能重新激活。最后跑到期货公司办好，要等到第二天才能交易。幸运之神不会总眷顾自己。就在这天，开盘半个小时，05 合约巨量增仓大跌，一举跌破半年的低点 3650，同时，95 价差扩张到了 520 点，一天便增大了 40 点。

那 21 个账户的主人可以喝酒庆祝啦！我自己却要独饮苦酒，后市不知道还有没有合适的进场价位。

# 第五回 期货是不是零和游戏

2018 年 1 月末的一天，某期货论坛讨论一位网友做鸡蛋期货 1802 合约空单效益特好。两个帖子两位楼主都讲到了鸡蛋的特性，每年固定的周期性，价格波动趋势循环，期货涨跌有限，顺势做大周期赚钱可以重复，坚持几年获利丰厚是必然的。这跟我的观点一样啊！我天天翻查网上的鸡蛋评论和研究，却觉得知音难觅，我忍不住跟帖：楼主所言极是！网友所做极是！其他人做不了，是因为多数人不能接受鸡蛋浮盈缩减甚至 200 点浮利变为零，一定会找短线诀窍力图躲避反弹保住利润，从而走向短线之路，而短线价格变动是随机性运动，根本没有规律和趋势。做短线赚钱不具可重复性。多数人在鸡蛋期货上是重复别的品种更容易发生的赔钱交易。

**期货可以是大概率赚钱的游戏，也可以是赚钱的工具。**

有人说期货是零和游戏，甚至是负和游戏。

为什么说期货是负和游戏呢？

有一种说法，中国上海、大连、郑州三大商品交易所，加上做股指期货的中国金融期货交易所，每年的手续费收入各家不低于 100 亿元，那四家的总量就是 400 亿元以上。另外 150 多家期货公司，二三十万从业人员，他们都需要从市场中抽水，那手续费可能就达到了 800 亿元。市场中的存量资金大概在 4000 亿元，也就是每五年一个轮回，都被取走了。你每年亏损 20% 不叫亏损，而是交了手续费，所以期货不是零和游戏，它是负和游戏!

从期货投机三原则——顺势、轻仓、止损，可以看出：期货既可以是零和游戏、负和游戏，也可以是大概率赢钱的游戏。

**期货是大概率赢钱游戏，表现为三个要点**：第一，期货在交易规则、交易准则、交易程序设计时，就可以尽量扩大胜率，让正确的赚钱的交易成为大概率，让亏损成为小概率，减少亏损的次数，尤其是躲避连续亏损的次数。这是可以做到的，例如，鸡蛋期货以期价与 20 日线或者 30 日线相交、期价方向符合鸡蛋的季节周期为准，我把这个称为均线与季节周期共振，共振时开出的仓单多空方向与季节周期一致，其赢利的概率就大于赔钱的概率。例如，2013 年、2014 年、2016 年和 2017 年这四年，12 月初 05 合约高位跌破 20 日线，与鸡蛋的春季下跌周期共振，此时开空，后市全部获利。2015 年下半年 05 是一路下跌低位有所反弹，12 月 05 合约跌破均线开空则后面遇到止损。以这五年 5 次操作，4 次获利、1 次亏损计算，胜率是 80%。我们就可以选择这 80% 的胜率做鸡蛋，自然赚钱的概率是大的。这个例子样本才 5 次，似乎缺乏统计科学性，但是由于有鸡蛋现货的季节周期必然性做基础，还是科学可信的。第二，即使胜率设计得不高，胜率不是大概率，是小概率。例如，以小时线 80 均值做橡胶胜率只有 35%，但即使胜率不高，也可以在盈亏率上下功夫而做到高盈亏率，即让高盈亏率成为大概率。橡胶按小时线的 80 均值操作胜率只有 35%，但是盈亏率可以达到 2，赚 2.00 元才赔 1.00 元，整体上赚钱也不少。高盈亏率也意味着高赢保率（即盈利与保证金的比率），资金周转快，周转效益高。第三，要抓大概率，抓大盈亏率，敢于进场，不怕试错。错误是正确的组成部分，赔钱是赚钱的组成部分，坚持不懈地操作下去，有大概率、大盈亏率做保障铁定赚钱。

鸡蛋每年有三个季节周期，**时间必然，涨跌必然，幅度必然**，加上均线规范，就更是大概率赚钱的游戏了。

# 第六回　检讨前几年对鸡蛋期货的浅薄认知

这天翻看我这几年的期货博客，那时候天天写，洋洋洒洒，现在回过头看，可笑啊，需要检讨。

第一个要检讨的是 2014 年下半年开始关注鸡蛋期货，但是没做，还在橡胶、螺纹钢期货上忙活。从 2015 年初才渐渐地转向鸡蛋期货，到 2016 年初才彻底抛弃了别的品种而专注鸡蛋期货，天天写的博客都是鸡蛋期货了。这是因为我渐渐发现了鸡蛋期货的优势和规律性。从 2016 年 7 月后半个“火箭蛋”开始赚钱，走入正道。这个转变很幸运，**其他品种周期长，都是好几年，顶部、底部震荡许久，大趋势很难抓住，**即使按照长期均线进场也常常止损出局，次数多了就不敢再进场了，最终失去大趋势。其他品种不能预测后面的趋势，而鸡蛋每年有三个小周期，时间固定，趋势固定，幅度固定，容易顺势赚钱，坚持下去，效益一定惊人。从 2013 年 11 月到 2018 年，鸡蛋期货上市六个年头了，期货、现货联袂表演，互相促进，走在循环涨跌的路上。发现价格引导价格，季节周期既定趋势的发展越来越稳定，是散户投机的好市场。

第二个要检讨的是当年做橡胶和螺纹钢期货时，没有贯彻期货的“截住亏损，让利润奔跑”原则，常常自以为是地见好就收，以致错失后面大段利润。例如，螺纹钢期货，我在 2014 年 7 月 3000 做空，到 2800 就跑了，结果跌到了 1600。铁矿石期货，我也在那个时期做过空单，680 进场，600 平空出局，结果跌到了 280。现在鸡蛋 05 合约做空季节类似，也是持续时间较长，也有坚持长线是金的要求。

第三个要检讨的是在2015年2月底几乎专门写鸡蛋期货博客后，主观预测太多，主观压倒客观，没有按照客观均线操作，而是脱离均线自我想象，错过了好几波季节涨跌，尤其是自己总结的自视为中国散户最高水平的规则竟然出现了致命的漏洞，致使2017年8月死扛01合约空单大亏。现在修改了规则，不会再犯死扛的错误，也发现了“火箭蛋”和其他周期的要点，2018年减少了亏损，增多了操作机会，增大了盈利金额，应该能创造辉煌。

现在，已经确立了三项基本原则：第一是不做其他种类的期货**只做鸡蛋**；第二是做鸡蛋期货不做其他的周期**只做季节大周期**；第三是不做短线**只做中长线**。

人们常说“弱水三千，我只取一瓢饮”，鸡蛋期货就是我的那“一瓢”，鸡蛋期货每年三个小周期就是我的那“一瓢”，中长线持仓就是我的那“一瓢”。

# 第七回 利润是坐出来的不是做出来的

05 合约大跌之后需要做什么？

2018 年 1 月 29 日，春节前第 13 个交易日，周一，南方还是大雪的寒冷天气，交通不便，人们认为鸡蛋现货会涨，但是周末现货青岛却连跌两天，北京跌了一天，上海一贯稳重现在继续稳重。我周末分析，有大雪天气却并没有涨价，说明供应压力还是大，现货愈加孱弱，05 合约随时大跌。现货是期货的定盘星，现货目标是春节之后大跌，期货怎能挺住？05 早在 12 月初就开始结束上涨，启动大跌反映现货的春季预期，然后这两个月一直在低位震荡，不能涨，不肯跌，就是等着现货的总攻，向下的断层。现货有这个必然前景，那么期货 05 一反历年震荡常态在春节前再次暴跌就成为可能了，大家都知道春节后和春季的这个规律，那么多头放弃抵抗空头顺势打压也未尝不能。

05 合约春节前大跌在我的预测里只是一种可能性，而不是必然性，我能判定 05 中期肯定是下跌的，但是真不敢断定今天就会大跌。

然而今天，却真的大跌了，说明短线价格波动是随机性的运动，没有趋势必然性之说，没有可靠性。唯有大趋势产生后是可以延续的，又唯有长线持仓才能顺应大趋势，尤其是鸡蛋这个品种有必然的季节涨跌周期，趋势性更加可靠，顺势才有真金白银给我们赚。

今天不光是 05 合约单向大跌 50 点，而且 95 价差扩张了 40 点，两种持仓都得益，我倍感欣慰，10 万元资金是 3 手 05 空单能多赚 1500 元，9

手对冲多赚 3600 元，总共多赚了 5000 元，增值了 5%。我于是有些忐忑，过去总是这样，市场符合自己的希望和预期了，赚钱了，便很慌张，怕浮盈缩减，怕利润又没了，常常迫不及待地见好就收，很少严格遵守“让利润奔跑”的原则。

现在有经验了，我知道顺势大赚时应该稳住，像个将军才行。坚持长线是金、顺势、轻仓，截住亏损让利润奔跑，遵守期货三原则总是没错的，啥时候也不后悔，赚多赚少都不后悔。

所以，**顺势获利之后需要做的就是什么都不做，此时无为就是有为，利润是坐出来的不是做出来的**。拿住 05 合约空单等 3 月份再说，拿住 95 对冲单子等价差扩张到 800 点以上再说。一两天的大跌只是让我欣慰，不足以让我平空止盈走人。

对待 05 合约的持仓与对待 09 合约和 01 合约不一样，根源是 05 是个长线下跌合约，而 09“火箭蛋”发射和 01“火箭蛋”坠落往往时间短、幅度小，真得见好就收，否则利润就又回去了，尤其是 01 在 8 月份下跌时和 10 月份反弹时。

1 月底，1802 合约升水了，这让人感到奇怪。

**以往每个合约进入交割月前最后一天升贴水走势都不太一样**，一般是升水一二百点。2017 年 3 月改革鸡蛋交割制度便利套保户交货，做期货的都以为 1703 会以较低的升水进入交割月，没想到有做期货投机的商家故意以 400 点升水，把 1703 带入交割月，号称体会一下新交割制度的实际操作。自那以后，**多数合约还是以升水几十点进入交割月，有个别合约多些，还有个别合约贴水。**

2018 年 1 月 31 日收盘，1802 合约 3543，竟然以 620 的贴水进入交割月，负升水。

看了一下鸡蛋交割规定（2017 年 3 月实行的新规定），鸡蛋期货最后交易日是交割月倒数第四个交易日，鸡蛋期货最后交割日是交割月倒数第一个交易日。如果即将进入交割月时预期届时现货价格强，则该合约进入交割月时升水便多；如果预期届时现货价格弱，则该合约进入交割月时升水便少。2018 年春节在 2 月 16 日，惯例是现货价格过了春节立马跌 1 块，到 2 月底期货交割时正是现货价格极其低迷的时候，所以现在 1802 合约是贴水 600 点，跟届时的预期现货价格持平，也就是说，现货价格到春节后预期在 3. 50 元。

1805 合约也有这个问题。现货价格届时是多少，1805 以升水多少进入交割月，现在都是未知数，所以，1805 能跌到哪里也是未知数。09 合约和 05 合约的价差跟 1805 价格息息相关，也是未知数。

1805 合约下跌是肯定的，大的下跌区间也大概能判断出来，但是届时止盈位置现在真不敢说，坐着等吧。

1 月 31 日，鸡蛋 1805 合约继续回落，最低看到了 3500 字头，尾市回升。如此形势，我是不敢过度追空的，自己账户的 23 万元钱一分还没动，着急，真怕踏空。

原来设想的是 05 合约反弹时，越过 20 日线，然后再跌破我就开空。但是看着它连续下跌已经破 3600，95 价差也每日几十点地扩张，我思忖没有机会逢高开空 05 和逢低开仓 95 对冲了。我一直在自选里设有玉米，一个原因是它已经跌到这些年的最低 1700 一带，从高位 2400 下来的；另一个原因是它走势非常独立，不跟美玉米也不跟其他农产品，以至于大连商交所都不给它安排夜盘。现在玉米正回落，如果再出现上涨趋势，我可以做多它吧。但是我又想起 2017 年 4 月，当时我在鸡蛋上踏空下跌，急于寻找机会，便在玉米 1709 合约从 1700 回调时按照 15 分钟线在 1685 买了多单，想做一把小反弹，结果“偷鸡不成蚀把米”，入套了，玉米跌到了 1605，多单被套 80 点。我坚信玉米不会深跌，但它还是在低位盘徘徊了两个月，在大学同学老陈的冷嘲热讽中，我终于没熬住，在反弹到 1640 时止损 45 点出局。最后，它还是返回到了 1700 以上，我这把小反弹做了两个月，即使坚持到底，也不过是赚 20 点。

不仅我自己有舍弃鸡蛋期货做其他品种期货赔钱的经历，别人也有。一位网友就说，四年期货交易，爆仓十几次。2014 年，鸡蛋赚了几倍，然后奉献给了棉花主力；2015 年，鸡蛋赚了几倍 ，然后奉献给了豆粕主力；2016 年，鸡蛋又赚了几倍，然后奉献给了玉米主力；2017 年，鸡蛋赚了 10 倍，加期权差不多 20 倍，最后还是还给了主力；2018 年开春，做鸡蛋 1802 空头，终于收复失地。

我为自己又产生了做玉米期货的打算而不安，我已经是鸡蛋期货的忠实拥趸，一贯向别人宣扬**我有三个原则**：第一个是不做别的只做鸡蛋；第二个是只做鸡蛋的季节周期；第三个是只做长线不做短线。现在竟然三心二意了。同时，我却又感到释然，连我都忍不住做别的品种，别人更不可能跟我的宣言一样只做鸡蛋了，朋友们也不用担心我的鸡蛋诀窍被别人学走了。

放弃再做玉米的念头，还是择机开空 05 单向空单吧。但是，今天在跟老崔交流时我感觉一门心思开空 05 并不妥。我这段时间一直跟大家说，05 合约目标位是跌到 3000，最低也到 3200，现在是 3600，还有 400 点到 500 点下跌空间；95 合约的价差是目标 300 点到 500 点。把对冲 95 的最低效益 300 点与单空 05 的最大效益五六百点比较，由此可能有的一二百点利差成了老崔耿耿于怀的心病。他总是埋怨我，说我没有按照计划加空 05 单向空单，而是增加了多 09 空 05 的对冲单子；说我的理论很美，但是实践比理论差一截，利润目标根本实现不了。

我内心不爽。但是我也知道“谦虚使人进步，骄傲使人落后”，便压着自己做出正确的回应姿态。

我回复：05 合约下跌目标是我的预测，不敢确定是准确的。还有很多人认为最低跌到 3500，也有人说现在的 3600 就是底了，他们的说法未必不正确，现在 05 贴水五六百点就是阻碍它下跌的力量。所以，不敢孤注一掷只搞一个方面，还得分散投资搞对冲。

我解释的这个逻辑倒让我自己醒悟：如果 1805 合约走势跟 2016 年春节后的 1605 合约一样，当时 1605 也是贴水八九百点而春节后只跌了 200 点，如果 1805 春节后跌不下去，那么我择机开空 05 合约恐怕不是太合适，下跌空间封住了；而 95 反套对冲则肯定价差会扩大，不管 05 跌还是不跌，95 价差都会扩张到至少 700 点，所以后市择机加开 95 对冲单子才是正确的。

正好此时盘中 05 合约回升，95 价差从 550 点缩小到了 530 点，我赶紧打开我自己的账户要开一点儿对冲单子，以免彻底踏空，即使暂时被套也可以以后逢高加仓。账户却进不去，说我的密码不对，是不合法用户。急人！我那天都进去了，都转钱给期货了，现在却成不合法用户了？赶紧跟期货公司经理接洽，折腾一番，终于进去了，但价差又扩大到 535 点了。不敢犹豫，先是 5 手，再是 2 手、3 手，紧紧盯着价格开了 11 手，计划后市择机逢低再开十几手凑够 25 手。欣慰的是，09 合约走势挺强，收盘价差扩大到 545 点，浮盈了 1000 元钱。

1809 合约已经上穿 20 日线，10 日线上穿 20 日线，均线转入多头排列，跟 1805 合约截然相反，1805 是空头排列。此时，95 对冲的持仓最理想，多 09 而 09 是多头排列，空 05 而 05 是空头排列，是 95 对冲套利的典型形态。

# 第八回　95 对冲实践和认知深化

早在 2017 年 9 月 27 日，我就已经给所有账户开了 95 对冲单子达半仓之多。

参与 95 对冲，本来求的就是 95 价差的扩大，对应 05 合约交割恰恰是鸡蛋现货价格最低迷时期，09 合约交割恰恰是鸡蛋现货最高涨时期，500 点以下的价差都是不合理的，05 快到交割时必定扩张到至少 700 点，多则 1100 点。由于这个客观的、必然的、科学的趋势，因此坚定持有 95 对冲单子不必害怕。

**95 对冲有四种均线形态**：第一是 05 合约和 09 合约双双空头排列时，可以指望 05 跌得多而 09 跌得少。第二是 10 月份双双多头排列时和春节前后双双反弹时，可以指望 05 涨得少而 09 涨得多。第三是最理想的，即 05 下跌而 09 上涨，或者现在的 05 是空头排列而 09 是多头排列。第四种情况是不太可能出现的，就是 05 是多头排列而 09 是空头排列。

2018 年春节前，即使 05 合约有反弹上穿 20 日线，也只能看成是反弹而已，即使 05 和 09 合约双双构成多头排列，也不能解除对冲，不能平空 05，因为春节后 05 还会跌。但是过了春节就要区别对待了，如果届时现货跌到头了，05 不跌了，那么 05 一旦上穿 20 日线就必须解除对冲平空 05，因为那时候 05 跟 09 一样也可能就此走强。

连带今天距离 2018 年春节只有 9 个交易日了，鸡蛋现货大佬们还在发挥创意，青岛大佬们连着两天拉涨，北京大佬们今天也拉涨。但是我觉得这是暂时的，大家都知道现货一过春节立马跌 1 块，那么期货 05 合约即使主力多头想拉涨可谁还跟着做多呢？既定趋势该怎么走还是怎么走，空头不过是多熬几天而已，说不定今天又是一根长阴，何况现货大佬们也不是铁板一块，上海现货今天就是跌的，上海大佬们一贯稳重，季节周期趋势可靠，他们的意图更能体现鸡蛋的后市走向。

这边还在分析，那边 05 合约已经狂跌，又回到了 3500。

我在 2016 年底建了一个鸡蛋期货微信群，是我和期货论坛几位网友建的，交流方便快捷。我天天写鸡蛋期评，写自己的心得体会，慢慢形成了我现在的几个系统认知和操作规则，并在群里加以宣传，群友反映很好，不断有介绍新群友进来的，现在 130 多人了。我担心里面有机构大户的眼线，只敢讲基本原则和大势研判，不敢过多细讲我的操作，怕被人家盯上，专门把价格打到我的止损位，让我在群里丢人现眼。这个小心眼儿不一定对，也许是自己瞎猜，但是我的朋友和同事们说肯定有，那么多人入群却没几个说话的，都潜着水呢，而且说话的也有期货公司的，何况不说话的呢。

这天，我又发帖子，是我每日写完发给四个哥们儿的鸡蛋期评，本来不是每日一起发到群里的，那天我在群里写了短短几句话，说春节前没几天了，现货商还拉涨蛋价，是秋后的蚂蚱——蹦跶不了几天，一位群友夸我“李老师给力”，我便忍不住把当天的日记发过去了。

马上，我的忘年交哥们儿便表示忧虑：“李老师，您的观点不用在群里毫无保留地全部展示吧？鸡蛋小众，就那么点儿人，您都泄露天机了，不太好。您的真诚、坦白，在群里也没有引出太多的回应，也没有特别有价值的交流。您如此坦白，让我有点顾虑。有些我跟您交流的未必希望在群里交流，您全都说了，这让我以后跟您交流时会不自觉地有点担心，从而交流有所保留，这样不利于咱俩深入探讨共同致富。个人愚见，言论自由，一切还是以您自己的意愿为准。我说的这些，您别生气啊。”

我赶紧回复：“哈哈，好的。”

他劝我很多次了，我总是屡教不改。

“你说得对，我以后忍一忍自己的表现欲。”

“主要是鸡蛋品种小，参与资金量太少，容易被操控。我担心迟早有一天会变成僵尸品种。如果工业品啥的，就真无所谓了，谁也不能左右走势，说对说错，影响不了大局。”

“对，是这个理。我发现群里没几个人同意我的观点，也没什么人跟着做，所以胆子大了。主要是想自己是个群主，不说点儿有价值的真货，我这个群主不能让人以后念好。哈哈。”

“咱们挣钱，一是咱们钻研；二是咱们赚钱，也要怀着感激的心。您把主力庄家的玩法都总结透了，这就是泄露天机，这就是跟主力作对。咱们如果这样逆势而为，不好！”

“对，对，呵呵。我也曾担心**鸡蛋成为僵尸品种这个问题**，但是从这几年看，持仓越来越大，参与资金越来越多，几乎每个合约都成了大合约，套保户众多且获利不菲。鸡蛋期货符合国家设立的目的，市场化调节发现价格指导价格作用明显。我的疑问也曾经有，大家都知道每年三个小周期，但是主力照样逆周期做，他们不怕，为什么？因为他们倚靠自己的资金优势，每日里高抛低吸，吃短线客的止损盘照样赚钱；还可以低位蛰伏，低吸筹码，找个借口做大反弹赚一把，所以也不用担心主力不做鸡蛋了；也不用担心主力会一直悖逆季节周期蛮力动作，他们也会顺着季节大势赚相反方向的钱。这个逻辑现在支撑了我的信心。”

我继续说：“我以后尽量少说，做个群主样子就行了，不再太热心。”

“是的，赚钱才是真理。您给朋友们赚钱，已经是积德行善，功德无量了。”

“哈哈，好的。”

“主力的这几个套路，咱们差不多都清楚了，都分类总结了，后期会相对好操作点。”忘年交哥们儿已经平复些了。

我继续解释：“但是操作我不会在群里说，我也怕主力故意打到那个价位让我止损。现在说的其实都是马后炮，讲现有持仓如何对待，主力知道也没办法。”

哥们儿说得在理，关键是我的刷存在感意识太强。例如，现在如果不是刷存在感，我也不写这些文字，不写这个《鸡蛋期货一年翻身记》了。

突然又来了表现欲，我把写长篇的事情告诉他了：“我现在正在写一个长篇，题目是《鸡蛋期货一年翻身记》，计划是今年 9 月翻三倍，10 万元翻到 30 万元，如果达不到，这个稿子白写；如果达到，想办法出版，或者投稿到小说网，或者随便发到网上。过去写过好多东西，期货的也有，但是没有业绩，我也没脸发出去。”

过了一会儿，他回复：“李老师，我尊重您。但我还是泼一盆凉水，难度很大！您就踏实赚钱吧，想法越多，收益未必越好；心无旁骛，反而收获更多。咱们都不是大师，一时顺利，别被冲昏了头脑，误人子弟。”

“好的，好的。我也怕自己操作上不能遵守规则而乱来，所以边写边督促自己不犯错误要按照规则来；如果按照规则做了，最后却没达到目标，那就说明规则有问题，不可信。你批评我是对的，这才是挚友，是诤友。”

“咱们的总结总是片面的，有时间局限性，对于某个阶段非常有效，不敢说后期一直不变。当年橡胶 80 日线之所以有效，还在于是一个长线趋势形成的，是一个趋势性行情，一旦长期趋势变化，操作就会变化。”

“是的，是的。”哥们儿虽然年轻，但是思维比我缜密，性格比我稳重，做事比我谨慎。我要深入总结鸡蛋规律，按照规则实践，同时要以哥们儿的意见监督自己，提高自己，以他的批评为戒。

春节前最后几天，鸡蛋 1805 合约继续下跌空头排列，1809 合约继续上涨多头排列，我的 22 个账户的 95 对冲反套（即做多远期的 09 做空近期的 05）单子非常美妙，盈利每天都在增加，加上单向 05 的空单获利，总共也有将近 300 点了。

如果以前期被套后的净值算，例如，10 万元资金 6 手对冲单子，当时浮亏 250 点，整体浮亏就有 1. 5 万元，账户就是浮亏 15%，现在 10 万元资金账户增值到 11 万元多，相当于这波行情增值了 25%。

所以，账户主人很高兴，我同学班长的老婆说："我刚看了一下战绩，现在挺好的。你费心了！"

"哈哈，我准备 4 月份增值到 14 万元的时候再告诉你，呵呵呵。"她账户正好是 10 万元的。"去年那次走麦城，是我的规则有问题，所谓符合季节大势的单子即使短期被套也可以轻仓死扛，错误至极。没了那个错误规则，只剩下赚钱了。到今年 9 月，你的账户增值到 30 万元。"

"前一段儿情况不太好，我还曾对你的操作产生过怀疑。"直率！"真如你所说那么好，利润咱俩对半儿。"她是个好人，非常诚实，仗义舍财。20 多年前我给她操作股票，一次经班长转手给了她 7 万元钱利息，她立即打电话来，说我给过她了，又退还给我。

又来一次仗义疏财。"哈哈哈，谢谢。"

"如果你的计划能实现，就是 200% 的年利润。"这话她两口子应该是交流过。她丈夫听我说起新计划利润目标后，说的就是："那银行都成你家的了。"

"哈哈哈，我也觉得是天方夜谭，不可能完成的任务。但是规则是一二三摆在那里呢，计划是第一步、第二步、第三步摆在那里呢，按照规则和计划做，应该没问题啊。现在挺好，属于计划之内的，到 4 月增值 40% 也是计划内的。"

"不用把目标定得太高。"

"不是我主观制定的，是规则和计划客观的结果。"

“1805 合约还会继续下跌吗？已经下跌了很多了。”

“按照以往走势，应该继续下跌，但是我也准备好它不跌了。不管它跌不跌，95 对冲价差必然扩张到 800 点。”

“你说的对冲价差是 1809 吗？”呵呵，她要学着做期货呢。

“对冲是多 1809 空 1805。”

“就是这两个同时做，它俩的价差，对吗？”她理解问题很快。

“对。”

“这样做相对风险也小。”她多少入了点儿门儿，跟我探讨过不少次。去年第一年为她做，就是从 95 对冲开始的。

“是。特定时期，特定合约，特定品种。”我想我这么说才是事物的本质。

“我也慢慢地看你的操作手法呢。”

“好的，哈哈。我跟所有的亲戚、朋友、同学都说，期货我可以代你们操作，但是绝对不能让你们自己操作，否则就是把你们引上不归路，因为里面机会太多，但是这些机会同时也是陷阱，去抓机会往往掉入陷阱，没人能抵挡得住诱惑，最后甚至会倾家荡产。”

“是的。”

我松了口气，我就怕他们自己做，要彻底绝了他们的念想。

过了春节就快进入 3 月份了，应该**谋划一下这波单空 05 合约和对冲 95 的止盈**了。

05 合约单向空单，应该以均线为准，以免左侧主观止盈而踏空，跟 2017 年一样少赚 800 点，等 05 上穿 20 日线即平空出局。同时，也要平掉对冲里的 05 空单，因为 05 上穿均线即意味着开始走强，空 05 的对冲就没有意义了。

95 对冲单子，有两种情况：一是 09 合约在均线之下，价差扩张到 700

点就该解除对冲，过去四年里有两年价差最终扩大到700点，另两年一个900点、一个1100点，所以，09如果跌破均线则对冲就没套利扩大的意义了；二是09在均线之上，此时价差预期可以放大，因为此时的均线系统正好符合95对冲反套的典型含义，价差真有可能扩张到1100，同时也有可能09来一波2014年上半年那样的超级大多头行情，所以应该坚定持有对冲单子，等09跌破均线再解除对冲，并开空09。

# 第九回　用行之有效的操作系统周而复始地循环做

在网上看到一个帖子，极为赞赏，帖子说，真正的交易员都是在**用自己的一套系统周而复始地循环做**而已，没什么高深的东西。什么这个理论、那个理论的千万别学了，全是垃圾，市场也需要烟雾而已。

我的理解是，做期货简单才好，规则简单，执行简单，周而复始循环做，资金就在这种简单的思维和操作中积累。

这个帖子的思想启迪了我，让我也来了一次悟道。

想想真是这样：我做鸡蛋，三个规则，季节大周期每年三次操作，10 月份做一把 95 对冲套利，12 月份高位跌破均线开空 05 合约，坚持长线持仓不怕震荡，不怕浮利 200 点被反弹抹去，而最后赚一把大的。周而复始地执行规则，周而复始地循环做，周而复始地做循环周期，账户增值就很快。

简单地执行规则其实是一种坚定不移，敢于试错，错了止损，对了坚持，让利润奔跑，不怕浮利 200 点没了，这正是很多人强调的“做期货难在心态”的要点。鸡蛋期货就是我的幸运之神，每年三个小周期都可以周而复始地循环操作，每年周而复始地重复前一年的操作，这就行了。

我们实际上已经走入良性循环，01 合约的 8 月份下跌做过两次了，05 合约的春季下跌正在做第二次，95 对冲也正在做第二次，“火箭蛋”只做过半次，2018 年要深入研究归纳，做成“火箭蛋”。

# 第十回 05 合约季节下跌第一波和第二波

距离 2018 年春节只有 8 个交易日了，青岛、北京的现货大佬们大肆拉抬现货蛋价，北京从每斤 4.16 元拉到了 4.72 元，创出了 2018 年元旦以来的最高，元旦后曾经达到 4.60 元，现在也高过中秋节“火箭蛋”了，当时“火箭蛋”才涨到 4.67 元。这在现货蛋价历史上罕见，在有鸡蛋期货的五年里未见过。

而上海蛋价就稳定不动，还是 4.25 元，还是新年最低，比中秋节“火箭蛋”还低 0.40 元。上海现货大佬们以上海人骨子里内在的大气的格局观和稳重的季节周期观，向世人说明了现在鸡蛋并不缺货，青岛、北京的现货大佬们不过是借着春节的名义炒作发财，侵害消费者的利益而已：就是把蛋价抬到 10.00 元钱一斤，老百姓不也得购买？

春节近在咫尺，青岛、北京的现货大佬们还有最后几天机会，还想跟上海争争江湖地位、影响力，但过了春节，蛋价立马跌 1 块。鸡蛋的季节周期来了，青岛、北京的大佬们就不得不灰溜溜地走了。

期货 05 合约现价是 4200，比现货贴水 500 点了，但是春季现货跌到 3.50 元之后，05 贴水立即变成升水 700 点。期货炒作的是预期，即使青岛、北京的现货大佬们使劲儿拉抬现货蛋价，期货 05 也难涨。

但我还是低估了期现勾结的意义，低估了 05 合约多头收买北方现货大佬的决心，周末北方现货大涨三天，周一 05 高开高走大涨 100 点，涨幅 3%，让这几天的空头纷纷落荒而逃，我的 05 单向空单浮盈大幅缩减。此时，09 合约反倒不涨了，95 价差从 580 点缩减到 510 点，我的对冲浮盈又变成浮亏。又到了考验持筹耐心的时候了，又到了考验我是不是具有投机最好的心态的时候了。

现货商既可以套保也可以投机，如果他们投机做多，借着自己掌控现货价格的权力而拉抬现货蛋价，也算是正常的商业行为，如果能把全国蛋商带起来形成做多氛围，也是可以自由合法地赚取利润的。问题是有的现货大佬可能是做空的，不配合他们的提价，或者良心所在，不肯以春节之名坑消费者，维持价格不涨，特立独行。所以，所谓期现勾结最后还是一个多空博弈问题，而多空博弈不会改变鸡蛋的季节周期趋势，最多是增加一些震荡反弹、曲折反复而已。

**每年鸡蛋期货 05 合约在大的春季下跌途中都会有一个强烈反弹，回升 200 点，今年又不例外，属于规定动作、保留节目、例行表演，这个躲不掉**。逢低平空什么时候再空回来？根本没有更好的办法，唯有死撑着接受浮利 200 点被反弹吞没。所谓灵活善变的策略最终不过是短线的变种，是频繁交易的变种，只有失败。

事实证明，我的分析是对的。这天，05 合约高开冲高回落，减仓放量，20 日线盘中得而复失，留下长长的上影线，多头逢高获利了结，前 20 名空头大佬持仓比多头更多了。这说明春节前后的反弹就是反弹，不是大趋势由空转多，上涨不具有持续性。

但是一天不能说明问题，如果到春节之前多头一直强势，甚至让做空的心慌意乱怀疑自己的判断，那就危险了。鸡蛋现货青岛大佬们拉抬价格一两天就泄劲了，因为同属华东而上海硬是不涨，一直在每斤 4.25 元低位稳定，青岛难以在 4.80 元的价位支撑，大家都把货运到他们那里也吃不消。但是北京现货大佬们死硬，4.80 元的高价坚持了一个多星期，坑消费者毫无歉意，比上海高出了 0.5 元钱，皇城根儿居民的收入可比不上上海的啊。

这就给了05合约多头主力以底气，他们撑着05期价在3700一带坚挺盘整不肯下跌，任何人都知道，现货一过春节立马跌1块，可05主力还是敢于在春节倒数第四天开盘狂拉2%，一举上穿了30日线，到了我止损的位置。

我却铁心了，我判定这是多头制造假象，是大跌前的做多骗局。2018年不同于2014年初，那年捕杀蛋鸡造成了鸡蛋供不应求而导致年初蛋价即开始上涨，所以鸡蛋期货一路上涨。2018年没有禽流感，没有大规模捕杀蛋鸡，也没有鸡蛋供不应求的预期，所以2018年没有鸡蛋开春即开始大涨的客观逻辑。春节前后反复震荡是05合约的普遍现象，2017年也是，年前年后盘中多次越过30日线，一直在30日线上下翻腾，但最后还是大跌。

我是坚信鸡蛋的季节规律、季节周期、季节涨跌的，这个季节，就是鸡蛋下跌的时候，是现货大跌期货跟着下行的时候，此时散户不坚定地持有空单，那么逻辑上还能干什么呢？主力能制造反弹高抛低吸，但是不可能改变季节规律，如果主力多头能改变今年的季节规律，那么以后就别做鸡蛋了。

春节前鸡蛋现货期货主力大佬们勾结做反弹的行为，让我再次悟到：**在鸡蛋期货上，庄家赚庄家的钱、散户赚散户的钱，是双行道，可以并行不悖**。庄家多头不怕逆大势，不怕持多而大跌，从头至尾他们也不用恐惧，他们每天随时可以控制盘面低吸高抛赚一把，还可以低吸一段时间找个由头制造反弹赚一把。所以，所谓鸡蛋的季节周期无碍庄家逆向操作，无碍资金参与。

我曾经想过，我的哥们儿也想过，如果鸡蛋季节周期无可悖逆，那么大家都顺着来，还怎么炒作？还想过，鸡蛋期货规律大家都知道了，慢慢地鸡蛋期货会变成僵尸品种。现在看来，其实不然。庄家有庄家的门道，散户有散户的门道，各走各的路子。庄家有的是办法，散户也只能用自己的办法。鸡蛋期货命运长着呢，不会变成僵尸。

## 第十一回　成功交易员最应该坚持的是拿住长线单子

我没事就爱在网上找做期货赔钱、赚钱的帖子读，以告诫和鼓舞自己。这天看到美国芝加哥商品交易所场内交易员的采访记，场内交易所 2016 年关张，因为交易方式过时了，计算机交易更加快捷和公平。这些交易员讲道：**成功交易员最应该坚持的是长线单子，最应该杜绝的是频繁交易。**

这跟我的思路一样啊。

杜绝频繁交易的理由，他们讲到的是频繁交易的手续费支出承受不了。长线几个月的单子支付一次手续费，其占盈利的比例很小，盈利容易，而频繁交易每次都要支付同样数额的手续费，交易次数越多支付的手续费也越多，盈利很不容易。

中国某商交所曾经有高频交易员出名，但是他们靠一买一卖或者一卖一买赚价差的几乎没有，都是靠多买多卖制造天量手续费，然后自己从中提成来赚钱，甚至短期内就能赚几十万元，坑的是资金主人。

频繁交易导致资金主人赔钱，其原因之一是手续费；第二个原因就是我们前面反复提到过的，短线趋势靠不住，都是随机性运动，黑天鹅太多。

**期货交易持仓时间长短的盈亏统计是这样的。**

**美国**曾针对不同风格的客户多年的交易结果做过一个统计，其结果是：100 位做交易的人中，有 70 位是稳定赔钱的，有 20 位能保本不亏，只有10位能实现盈利。

实现盈利的10个人中，有7个人是做趋势交易的，2个人是做波段的，只有1个人是做短线的。

另外一个角度的统计结果是：

**100位做趋势的人中，有70位能存活下来；**

**100位做波段的人中，有20位能存活下来；**

**100位做短线的人中，有10位能存活下来。**

这就是著名的1:2:7原则！

中国某博客发布了一篇《客户期货盈亏交易数据分析——揭示期市真经》的文章。一家大型期货公司的风控总监做了一个亏损来源的报告，其中最精彩的就是对客户交易数据的分析（数据周期是最近三年）。在此对博主和风控总监深表感谢！

> 一、赢利的客户中，85.2%的赢利来自5单以内的赢利，扣除掉这5单，这部分客户的大多数都是亏损。这5单的特点：持有日期基本上都在2个月左右，基本上都是单边市场。
>
> 二、每日平均交易10次以上的客户，3年平均收益率是-79.2%。每日平均交易5次以上的客户，3年平均收益率是-55%。每日平均交易1次以上的客户，3年收益率是-31.5%。每日平均交易0.3次以上的客户，3年平均收益率是12%。每日平均交易0.1次的客户，3年平均收益率是59%。
>
> ……
>
> 五、所有客户的收益率呈现接近正态分布，很遗憾，这个正态分布的均值是-14%。
>
> 所以，结论对大多数人而言是残酷的（除非你是天才）：
>
> 第一，一般人进入这个市场都是错误的。
>
> 第二，频繁地交易，基本上判了你死刑。

……

想要获利，必须做中长线，伴之以顺势、轻仓、止损。

**另外一个逻辑**是，能空仓者便已跑赢 90% 的投资者，因为 95% 的投资者都是赔钱的，能空仓者便已经不赔钱了，自然便跑赢了 90% 的投资者。

**我是否远离了以上统计亏损者的行列？**

第一，我是做鸡蛋每年三个小周期的趋势的，有时候持仓四个月，例如，2016 年 12 月 8 日开空 05 合约。有时候持仓六个月，2016 年 9 月末开仓对冲 95。最少的也有一个月，2016 年 7 月 19 日开空 01 合约，2018 年 8 月 23 日开空 01。我从不做鸡蛋的短线，不做日内。我是长线交易者，可以进入能盈利的那部分人的行列。

第二，我的规则有空仓条款，耐得住空仓，不做计划外操作，这一条保证了我在空仓期间已经跑赢了 90% 的投资者，因为空仓至少不会亏，而 95% 的投资者是亏损的。

第三，我的规则是每年共计操作四到五次，由于鸡蛋本身是每年三个小周期，确定的大趋势至少是三次，所以我的计划与鸡蛋本身客观的趋势性高度契合，胜率自然高，这一条至少保证了理论上我赚钱的次数多于赔钱的次数。

第四，每次操作的赚钱计划是 300 点，赔钱止损计划是 100 点，盈亏比是 3∶1，这就保证了整体上赚的多于亏的。

所以，我只要按照规则做鸡蛋，按照计划操作，不走样，就远离了亏损者的行列。

## 第十二回　相信鸡蛋期货的季节规律

2018 年春节前，青岛、北京现货疯狂拉涨，使我的鸡蛋期货群里有网友对 1805 合约春节后是否还能下跌、95 价差是否还能扩张产生了疑问。

我发帖说：“**相信鸡蛋期货的季节规律。如果季节规律失效了，那么鸡蛋期货就不会存在了。**”

有群友回复：“老李说得很对，也非常有参考价值。但是为什么季节规律失效，鸡蛋期货就不会存在了呢?”

我解释：**“鸡蛋期货设立，就是靠着季节规律**。一是蛋鸡从孵化成长到产蛋，其周期只有五个月，市场调节周期短，价格对供应量的增减作用快。二是中国地方大，南北距离长，气候对鸡蛋生产有巨大影响，从而对蛋价有直接关系。三是鸡蛋生产多数是小规模，受市场调节价格因素影响极大，生产缩减和扩张变动很快。这些都使鸡蛋价格炒作可以频繁进行，可以鼓舞投机资金参与，鼓励中小散户参加投机发挥市场调节的润滑剂作用，达到保护生产者套保的功效。如果没有季节规律作用，那就只剩下三年一个大周期，蛋价波动就会极小，没法吸引投机资金，也就没法让生产者顺利套保。”

这么分析后，我自己也更加坚信鸡蛋每年的季节周期规律了。

可是，主力还是整得我忐忑不安。2 月 12 日，春节前倒数第三个交易日，在小合约 1803 和 1804 多头大户随心所欲拉涨期价带领下，05 合约尾市上穿了 30 日均线。这个指标不当不正非常难办，越过了 30 日线应该平空是我立下的规矩，怕的是逆势，怕犯 2017 年 8 月死扛的错误。即使符合季节大势的单子，主力蛮力狂拉几天也能把我拉爆，又时值春节，现货马上就要大跌了，就要断层、断崖式大跌了，此时空单出走？

矛盾中，我后退一步，先忍忍，再看看，等春节后再说。如果春节后还是上拉，越过 60 日线四根，就说明主力铁了心蛮干，我平空出局，少赚多少也认了。这个条件比较苛刻，过去四年没一年达到过，坚持长线持空的可以踏踏实实做到头，赚到头，赚大头。

等待的过程很煎熬，但我还是不相信季节规律能被主力打破，因为历年（鸡蛋期货上市四年）这个时候，春节前后，05 合约都是震荡，反弹也常有，越过 30 日线也常有，但反弹过后还是得下跌。我翻查了一下，2014 年春节后是 W 底之后大涨，2015 年春节后是一波反弹之后大跌，2016 年春节后是第一天直接大跌接着跌去 200 点，2017 年是春节后第一天大跌，所以现在可以大胆等待，实在不行，05 上穿 60 日线四根之后可以平空走人，大不了少赚点儿，浮盈真的抹去 200 点而已。

走着瞧吧。多头强劲，天天逼迫空头追高平空出局，春节前倒数第三个交易日大涨，第二个交易日减仓 1.5 万手继续上涨。

我还没修炼好，心灰意懒，但是我的鸡蛋期货群里有高人，判断春节前倒数第一个交易日该着多头平仓了。果然，春节前最后一个交易日 05 合约大跌，缩仓 1.3 万手，果然是多头主动走人了。

应该是一过春节，现货立马跌 1 块这个规律发挥了作用，最后关头把多头吓跑了，如此 K 线，春节长假后开市也会是大概率大跌。节后开市，过去四年有三年 05 合约是大跌的，另有一年是大涨的，但完了还是大跌。那么，2018 年至少 75% 的大概率是下跌，加上今年春节前已经有了强烈反弹，多头也已经减仓，多头持仓比空头前 20 名持仓由前一天的多转为少，已经反弹完毕，来了一根长阴，节后开市随着现货再跌的概率更大。

2 月 15 日，大年三十，鸡蛋网已经不报价了。但是鸡蛋期货微信群的朋友告诉我，今日上海现货每件跌 8.00 元，每斤跌到了 3.63 元。这还在春节之前呢，就已经断崖了。

就在今天早晨看到一篇文章，预测 2018 年春节后一个月的现货蛋价。篇幅很长，论据很多，我归纳为两点：第一，每年春节后 20 天到 1 个月为年度行情的最低点或次低点；第二，这个最低点或次低点低于鸡蛋的综合成本，今年的综合成本在 3.00 元钱。

这个预测的截止时间是 3 月中下旬，低点在 3.00 元钱，跟我“每年蛋价春节后下跌幅度是春节前最高价的 30%，所以今年理应跌到 3.00 元”的判断是一致的。

别人的长篇大论佐证了我的观点，现货真可能会跌到 3.00 元。

如此，按照均线坚定持空 05 合约是正确的，客观对待。

春节休市了，我继续战斗，今天跟老陈辩论了一整天。

上大学时，老陈是一班的，我是二班的。他炒股大赚。2014 年同学聚会时，他找我打听期货的事情，我让他跟着我做橡胶。没想到正是工业品大幅下跌的时候，他做空，仓位太重，我还是多头思维，强烈要求他减空以免爆仓，他不乐意，但是害怕出问题，便平掉了所有空单，结果橡胶后面竟然大跌，而且更令他不满的是，他受到我总体上看多橡胶的影响，逢低买了橡胶多单。我只是说看多，但是均线不到也不能做多啊，他却说反正你看多我就逢低买多正好啊，免得价位高了再买不划算。结果橡胶大跌，他亏损。从那以后，每次说期货，他就哪壶不开提哪壶，专门数落我不是个好师父，让他这个学生刚一上路就亏损。

他跟我的期货操作思路截然不同。我是只做鸡蛋，他啥都做；我是按照均线共振进场开仓，他是摸顶抄底左侧交易；我是长线持仓，他是短线思维，5 分钟、15 分钟、30 分钟、60 分钟各项指标滚瓜烂熟不离口，却没几次准确；我是不怕 200 点浮利抹去，他却认为这简直就是傻瓜。

这天的辩论就集中到这些。观点也无须多论了，他代表了 99% 的散户，我代表了 1% 的散户；他代表了亏损，我代表了盈利。当然，这只是我一家之言。他的言论正相反：你还想翻倍？就等着翻车吧！

他写了个剧本，是关于爱情的。其中，一个反面典型是做期货的，以我为原型，是赔货，早几年就已经确定了，那次找我谈期货也是为了搜集素材以便形象刻画。我不同意把我塑造成赔货，我的操作理念是正确的，规则是正确的，计划是可行的，效果也是赚钱的，除了 2017 年死扛大亏之外，春季空 05 合约和对冲 95 都是赚过钱的，秋季空 01 合约也是赚钱的。现在，是重复赚钱的操作，让赚钱重复，怎么能说是赔货呢？

他历数我的错误，坚持要我做反面典型。

他说大年初一就要关闭手机，切断同外界的一切联系，他在珠海找了一间屋子，不受打扰，安心写分镜头剧本，三个月后交稿。

他还非要我的期货日记，说今天能发给他多少发多少，他要分析批判，免费为我服务，指出我的错误。我给他发了 2 月以来的，十几篇。微信不能一下子都发出去，我发了好几次。

他很是认真负责，很快给我指出了几大问题。只不过又是那一套，事前白茫茫，事后诸葛亮。我说你安心搞你的剧本，到 4 月再回来看看我，看看我那些账户是不是增值了 40%。跟他约定检查两个账户：一个是老张那个 10 万元的新账户，另一个是 10 万元的旧账户。我把这俩账户持仓告诉他，新账户是 12 手 95 对冲，旧账户是 3 手空 05 和 9 手 95 对冲。

他立即算账，说增值目标到不了，最多赚到 3 万元，不够 4 万元。

我懒得和他掰扯，3 万元也行啊，4 个月增值 30% 也蛮可以了。我等着他 4 月回来检查，看我是个笑话还是个传奇！

## 第十三回　期货赚钱可以不是幸存者偏差

春节休市 7 天，无聊，便上网搜索与期货和鸡蛋相关的信息，读来悟道。

除夕看到一位朋友的帖子，说他本来想空仓过节，没承想看到价格节节下跌觉得便宜，便两手三手地买入，最后竟然满仓了。

我一看他提供的账户持仓截图，买的竟然有 31 手鸡蛋 1805 合约，在 3716 开多，已经浮亏十几点，整体浮亏 5000 元。

他的操作跟我的鸡蛋期货认知和理念完全不一样啊！季节周期，共振开仓，长线持仓，短线是随机，大势是必然，接受震荡反弹哪怕浮利缩减甚至没了也要等到最后，赚多赚少听天由命。

我忍不住跟帖："鸡蛋大势是向下的，这两天的强势只应看成反弹而已，因为现货每年都是一过春节立马跌 1 块，这必然压抑期货 05 合约的持续上涨。"

隔了好几楼，有网友引用我的跟帖发出评论：有这种好事？年年空，还不赚死了？索罗斯有个反身性理论，就是说你们这种的，什么都是未知数，不过是押大小而已。

网友的批评让我紧张。索罗斯是伟大的投机家，世界对冲基金老大，他的理论无疑是正确的。他的理论就是说我这种人的，这是我最大的不安，我得弄清楚。我上网查了一下索罗斯的反身性理论，说的是投资者跟市场有互动关系，投资者群体对市场的认知是不全面的，但是往往倾向于加强这种不全面的认知而导致大的偏差，最后反倒被市场惩罚和纠正。

我对**鸡蛋的季节周期是偏差性认知吗？不是**。鸡蛋的季节周期是客观存在的，是中国鸡蛋生产消费特征及关系的规律体现。春节一过立马跌 1 块，这种断崖式大跌，是春节消费者停止购买，各级商家停止采购经销，而生产依然一点儿不停，库存迅速增大，同时鸡蛋保质期才十几天、二十几天的矛盾所造成的，所以年年重复，谁也改变不了，多大的资金操纵都无法改变。这个认知没有偏差，所以也谈不上被市场惩罚和纠正。大连商品交易所正是依据这些规律设置了鸡蛋期货这个品种，吸引主力大户和散户来当市场润滑剂，为鸡蛋养殖户和批发商的套保服务。

分析到此，我踏实了。索罗斯的反身性理论没错，但不是说我。

网友的错误还在于把期货投机搞成押大小。期货 99% 的散户长久必输。但是期货有顺势、轻仓、截住亏损让利润奔跑这三个原则，可以设置高胜率和高盈亏率，如此，每次操作就不是完全的未知数，而是概率大小的未知数。例如，现在的持空鸡蛋 05 合约，可能后市下跌不深，赚多赚少是未知的，但是能赚钱却是大概率。

实践出真知，历史是镜子。我们的期货投机，如果不以历史数据指导操作，又能以什么为准则呢？鸡蛋现货每年一过春节立马跌 1 块，我们既然知道这一点，知道节后开市 75% 的大概率 05 合约是下跌的，为什么非要逆着做多才舒服呢？

自从网友指责我对鸡蛋的认知属于索罗斯的反身性理论，是偏差性认知，我就有些不踏实，想起前一阵才了解到的另一种理论，反过头来检讨自己是不是还归属于那一种不靠谱的范畴：幸存者偏差。

**幸存者偏差，指的是一种逻辑谬误：成功者的成功因素可以罗列很多，只要具备这些因素就可以获得成功。**

尤其是在商业和金融领域，这种逻辑谬误广为传播。索罗斯、马云、扎克伯格，这些奇才的成长历程是可以模仿的，人们只要具备更为详尽的他们的成功因素，就可以成为下个他们。

**幸存者偏差理论，就是告诉大家：做不到。**

幸存者偏差又称随机致富陷阱，在概率论上是这样描述的：

64 个人抛硬币，正面翻倍，反面亏光。

于是有 32 人翻倍 32 人亏光，赚的人净值成 2。

翻倍的 32 人再次参加抛币游戏，于是有 16 人再次翻倍 16 人赔光，赚的人净值成 4。

翻倍的 16 人再次参加抛币游戏，于是有 8 人再次翻倍 8 人赔光，赚的人净值成 8。

翻倍的 8 人再次参加抛币游戏，于是有 4 人再次翻倍 4 人赔光，赚的人净值成 16。

翻倍的 4 人再次参加抛币游戏，于是有 2 人再次翻倍 2 人赔光，赚的人净值成 32。

最后 2 人再次抛币，于是 1 人再次翻倍 1 人赔光，最后这个翻倍的人净值成 64。

这就是大家看到的光鲜的投资者。

大家只看到这最后的一个人风光无限了，却没看到之前那 63 个人无论赚了多少都必然经过一次失败便赔光了所有财富。

**那么，期货的成功是不是幸存者偏差？是不是可以重复？尤其是我的鸡蛋期货曾经成功赚钱，是不是还可以重复？**

答案是，期货的成功不一定是幸存者偏差，鸡蛋期货可以重复赚钱。

首先，事实胜于雄辩。我已经第二次在鸡蛋期货的春季下跌中赚钱了，同样的季节，同样的均线共振，同样的较大仓位开空，同样的坚定持仓，同样的不怕震荡不怕反弹甚至抹去浮利 200 点，现在的 05 合约空单仍在浮盈之中。实际上我已经不只是第二次，而是第三次这么做了，2016 年春节前我也开空了 1605 合约，也等到了春节后第一天的大跌，只不过当时仓位较小而已。95 对冲也是第三次操作了，2016 年春天在 1605 和 1609 合约的反弹中，我开过 95 对冲单子，当时只是为了对冲保护，没承想 09 涨势远远好于 05，价差迅速扩大，我第一次亲身体会到同向价格运动的对冲持仓有这种获利功能，也就是那次获利坚定了我参与 95 对冲的信念。现在的 95 对冲虽然还在浮亏中，但已经从浮亏 250 点缩减到浮亏 50 点，且前两个星期曾经转为盈利几十点，我对最后的至少 200 点盈利充满信心。赚钱的做法重复做，让赚钱重复，这个理念已经贯彻下来了，已经见到效果了。

其次，幸存者偏差理论不是针对期货或者投机界的三原则。期货三原则就是顺势、轻仓、截住亏损让利润奔跑。这三个原则可以使期货操作是高胜率、高盈亏率，而不是最多一半对一半的胜率。所以，期货是可以赚钱的，否则也不会有期货这个发现价格、调节价格为生产者套保服务的市场经济的事物存在。所以，在所有阐述幸存者偏差理论的例子中，从来没有拿合乎规范的期货投机来说事的，但是可以拿短线交易来说事，短线交易较长时期获利是幸存者偏差，一切违反期货三原则的交易能够获利也是幸存者偏差。

最后，**逻辑学的充要条件**，可以说明期货赚钱的必然性。我的**鸡蛋期货赚钱的充要条件**是什么呢？

必要条件：顺势，顺应鸡蛋的季节大势。轻仓，避免保证金不够用，避免爆仓穿仓。止损，进错了要认错止损出局，避免赔光；进对了就坚定持仓让利润奔跑，不见目标利润不平仓，不见大拐点不平仓。如果再深入，还必须加上，尽量减少操作次数以保证较高的胜率，按照较长的日线标准操作胜率可达百分之六七十。较高的盈亏率，总盈利总亏损之比少则几，多则十几。较高的盈保率，年每手净盈利和保证金的比率至少为 1 甚或 2。以上这些是鸡蛋期货赚钱的必要条件。

那么，充分条件呢？再做什么就肯定盈利了？自然而然盈利了？没别的了，就剩两件事：一是到了条件就开仓，坚决开仓不犹豫，如每年12月初05合约跌破均线便开空；二是开仓后就一路持有，不到目标价位不平仓，不到大周期拐点不平仓。

既有必要条件又有充分条件，赚钱就是必然的，利润就如流水，哗哗地流进来。

可见，有充要条件的逻辑结论不是幸存者偏差，合乎规范的期货赚钱不是幸存者偏差，我的鸡蛋期货赚钱也不是幸存者偏差。不必自己吓唬自己，理论上可以坚定自信，坚持既定规则，坚决执行计划不走样，重复赚钱的做法，就能重复赚钱。

2018年过年时看到一个帖子，说国家卫计委2月13日确诊一例人感染H7N4禽流感病例。帖主接着说："完了，鸡蛋又得大跌。"

哦？禽流感，鸡蛋大跌？老百姓吃鸡吃鸡蛋都会掂量掂量，消费就会减少，我应该知道这个知识点。

我现在持有的是鸡蛋05合约的空单，如果消息引发鸡蛋下跌，那么首当其冲的就是05，它是近月合约。而09合约则是远月合约，对近月的利空就是对远月的利多，春季价格弱势抑制产业户养鸡，远期鸡蛋供应减少，利多09，如果导致大规模捕杀蛋鸡，那对09就是天大的利好了。

现在是春季鸡蛋现货大跌季节，本身对期货鸡蛋有下行促进作用，不管有没有禽流感，有没有人感染禽流感都会跌。

但是现在有人感染了禽流感，理应下跌程度大点儿、时间拖得长点儿。

网上有骂我的人了。

看到时，我的第一个感觉是不服气。这是肯定的，但是又觉得人家看不起我其实对我是好事，可以告诫自己谨慎操作不犯错误，等我今年实现了目标，人家自然会刮目相看。

春节长假期间，青岛、上海、北京现货都停报价格，到初三初四，青岛恢复了报价，接着上海也恢复了报价，都是一过春节立马跌 1 块。青岛到了 3.50 元，比春节前最高价 4.80 元跌了 1.30 元；上海到了 3.60 元，比春节前最高价 4.70 元跌了 1.10 元。而北京一直不报，直到长假结束上班这一天才报，3.60 元，比春节前最高价 4.70 元跌了 1.10 元。今年重复了以往的规律。

2 月 22 日，春节后第一个交易日，1805 合约低开高走，冲高回落又探底回升，持仓急剧增大，多空激战，互不相让。下午复市，05 多头突然进攻，瞬间拉起十几元钱，有空头追高出局，持仓变小；但随即持仓又增加，有逢高开空的，正是“有人星夜赶科场，有人辞官归故里”。我的浮利又缩了，不怕，爱涨涨去，无所谓！大势有定数，不必多思虑；跟着大势走，得失随他去。今日持仓空头大佬跑路的多，按理说对多头有利，但是很多人说前 20 **名大佬多空持仓，数据对比没什么意义**，该跌照跌，该涨照涨。权当那些说法对吧，正好我是持空。今天属于典型的后市反弹型，但不知道后市何时反弹，什么位置反弹，反弹到哪里，所以还得拿死空单，不着急，不心慌，不恐惧。

不料，北京现货第二天接着大跌，到了 3.37 元，比原来设想的最坏的情况还坏。原来设想节后跌到 3.50 元就不少了，这竟然跌到了 3.30 元，那么，后面还有一个月，到现货通常是最低或者次低价的 3 月中下旬，跌到 3.00 元费劲儿吗？

05 合约多头有的表演了。

有个现象很有意义，告诉我们不能做小合约，最好做大合约。1803 合约，两个交易周前最低是 3485，其后涨到了 3838，涨了 350 点，涨幅 10%，而同期 1805 合约涨了 180 点，涨幅才 5%。春节后，有天又是 1803 出乎预料大跌，最低跌了 160 点，跌幅 4%，而 1805 最低才跌了 35 点。自从 2017 年 3 月大商所改革鸡蛋交割，便利套保商，便有大户炒作每一个合约，跟过去完全不一样了，过去非主力合约（即 01、05、09 外）的其他合约持仓往往才几十手，最多几百手，便利套保交割后连续合约制度使得任何一个小合约都可持仓达到上万多手，动辄大肆炒作，涨也凶猛，跌也凶猛，随意性极大；而三个主力合约还是老样子，走势稳健，季节趋势性强，容易把握。

网上常常看到《××的一天》，我曾经看到《基金经理的一天》《中国基金经理的一天》《美国华尔街基金经理的一天》，还有《股民的一天》《期民的一天》。

突然想，我也可以写一个《期货散户的一天》，就以自己为例子，就以春节这波鸡蛋行情为例子，重点是阐述散户正确的投机理念。

长假快结束时我就开始动手，写长假结束后开市第一天。

**期货散户的一天**

早晨 5：00，起床，带小狗贝贝下楼。

5：30，回屋。洗漱完毕，到电脑跟前按下回车键，屏幕恢复画面，停止夜里一直在下载的电影和外国电视剧，打开鸡蛋报价网，看北京鸡蛋现货价格。每天早晨 5：00 多有北京大洋路报价，今天，春节后第一天开市的日子北京竟然还没报价。一般前一天的傍晚6：00多是青岛的报价，已经报了三天了。晚上 8：00 多是上海的报价，也报了两天了。这些旗帜性大城市的现货报价是鸡蛋期货的定盘星，季节周期决定最终鸡蛋期货要向现货看齐。今天上海是 3.63 元一斤，昨天青岛已经是 3.55 元一斤，都已经比春节前最高价跌了 1.00 元钱（到7：30，才从微信群得到北京报价，3.60 元每斤，比春节前最高价跌了 1.10 元）。接着完成日记，把报价加进去，构成完整的期评层次——题目、现货价格、昨日期货走势、趋势分析，加上自己的基本认知和当日操作。今天的题目是**《05 合约跌，05 合约不跌》**。现货一过春节立马跌 1 块已经实现，期货 1805 的空单已做好了两手准备。跟随现货下跌则空单不动，如逆现货下跌而上涨，也是空单不动。短暂的上涨不是大势转多，自然不能平空，尤其是现货到 3 月下旬才能确定到底位置，所以期货 05 也是未知数，必须耐心持空等待，别着急，也别害怕。日记发给四个哥们儿，他们是期友：一个是他自己做；两个是我代为操作；还有一个是后备散户，正观摩学习，等这一波看我们赚钱了他才会从股市转过来做期货。日记也发到微信鸡蛋期货群，那是两年前在期货论坛联合两位做鸡蛋期货的网友建的，现在有 100 多位了。也发到博客和微博，春节前已经有读者开骂了。开骂者肯定是看多鸡蛋期货的，我自己判断鸡蛋现货节后铁定大跌，期货也大概率会跌。还是看实践吧，实践是检验真理的唯一标准，如果这一波自己赚了，人家骂的也会刮目相看。还有在论坛讨论的，春节前最后一个交易日有网友逢低开多鸡蛋 31 手，我跟帖说“鸡蛋每年春节前后是向下的大势”；隔了好几楼，有网友引用我的跟帖发出评论：“有这种好事？那年年空，还不赚死了？索罗斯有个反身性理论，就是说你们这种人的，什么都是未知数，不过是押大小而已。”吓得自己赶紧上网搜索索罗斯的反身性理论，发现这个不是说我的，因为鸡蛋的季节周期是客观存在，不是偏差性认知。捎带地，又怕自己的认知属于前一阵儿刚刚了解的幸存者偏差，便仔细分析了一下，也不是，因为自己的这种赚钱做法是可以重复的。

6：00，浏览几个期货论坛，爱看两个内容：一个是悟道。对期货操作的心得，多数是错误的心得，不可学习。做期货日子长了，经验教训多了，看网上赚货赔货事迹多了，就能明白期货赚钱还得靠那三个原则：顺势、轻仓、截住亏损让利润奔跑。凡是赔钱的肯定都是违背这些原则了，尤其是顺势，短线没法顺势，因为根本没势，短线多数是随机运动。另一个是期货人的日常生活，多半是日子窘迫被人看不起。难怪，短线操作，赚少赔多，生活岂能安乐？别人岂能高看？

7：10，做饭吃饭。老婆还在床上玩手机呢，各有所乐。各干各的挺好，就怕老婆关注，还是一个赔货，能躲就躲。

8：00，继续坐在电脑前，上网搜索全世界的期货文章，赚钱的、赔钱的，每天乐此不疲。搜来搜去，几乎网上没有什么帖子自己没看过了，即使有没看过的，读着读着也读不下去了，发现自己已经彻底明了赚钱赔钱的门道，太阳底下没有新东西，赚赔同源，还是那三个原则。

9：00，开市。今天是春节长假后第一天开市，鸡蛋 1805 合约低开高走，冲高回落，探底回升，持仓剧增，多空激战。自己的持仓是鸡蛋空 1805 合约，已经拿了 3 个月，现在浮盈 200 点，前几天浮盈 300 点，但是坚持长线原则，不怕震荡，不怕浮盈缩减甚至抹去。经过了春节前几天的强烈反弹重回跌势，准备继续拿着，只要没有大趋势转为上涨，就拿到底，赚多赚少听天由命。还有鸡蛋空 1805 与多 1809 的反套单子，拿的时间更长，6 个月了，到现在还套着呢，但是不怕，这个对冲套利组合是所有期货品种和合约里最有客观必然性的了，特定品种，特定合约，特定时段，最后肯定价差扩张到至少 700 点到 1100 点。前两个月入套 250 点都不怕，仓位够轻，可以扛到价差为负数。呵呵，那是不可能的。期货跟股票一样，不看盘受不了，但是长线持仓看盘不操作也是没意思，所以听音乐。

10：15，休市 15 分钟。但是休息不了，珠海老陈正跟自己在微信里辩论呢。他是大学同学、朋友，一个短线王，一贯主张灵活操作低买高卖，最看不惯我的浮盈被抹光，指斥我根本不懂如何做期货。我则是顽冥不化的主儿，坚持自己的长线原则不动摇，不参与任何价格的随机运动，坚信唯有长线才有可靠的趋势性。他够朋友，不厌其烦地在手机里输入很多字教育我，他说他的眼睛都弄花了。我不想针锋相对一条一条地反驳，只是用正确的投机理念回复他：赚钱的做法重复做，让赚钱重复。我年底做空 05 合约和对冲 95，已经是第三年这么做了，前两年都是赚钱的，现在不过是重复赚钱的过程而已。

10：30，重新开市，波澜不惊，还是绿 20 多点低位震荡，持仓继续增加，增了 8000 多手，大佬们互不相让。

上午 11：30，休市。中午不吃饭不睡觉，开始锻炼。简单，就在电脑前原地踏步，一边看电视剧一边高抬腿大甩臂，慢慢就是一身汗。洗把脸去去汗，下午开市还早，看看美国的华尔街故事片，《商海通牒》《华尔街之狼》《大空头》《华尔街系列》《开水房》，挺多，还有那部已经演了两季的电视剧《亿万》，看看投机事业最发达的美国，它的投机分子们是怎么投机的，怎么赚钱的、怎么赔钱的，什么合法、什么不合法。投机市场是零和游戏，不能总听大鳄们吹牛，他们一样要赔钱。到论坛那里看节前逢低买多鸡蛋的那位网友，他说开盘已将鸡蛋多单全部砍掉，亏损 1 万元。这位网友犯了散户最容易犯的七种错误中的两种：逆势开仓逆势持仓、摸顶抄底。另外五种错误是：重仓、死扛不止损、短线交易频繁交易、过度追空或追高、不能拿住单子让利润奔跑。

下午1：30，开市，继续微幅震荡。继续无聊。05合约多头突然进攻，瞬间拉起十几元钱，有空头追高出局，持仓变小。浮利又缩，不怕，爱涨涨去，无所谓。大势有定数，不必多思虑；跟着大势走，得失随它去。持仓又增加，有逢高开空的，正是“有人星夜赶科场，有人辞官归故里”。

下午3：00，收市。鸡蛋1805收个平盘，过去四年有三年是大跌的，有一年是大涨的，今年没有出现大概率也没出现小概率，新增了一种形态。总体是价跌仓增量增，典型的后市反弹型，但是不知道啥时候反弹，跌到哪里反弹，反弹多高，所以又不能平空出局，还是得死拿。

下午3：30，登录大连商品交易所网站，查看今日鸡蛋持仓。大商所电子技术最差，在三个交易所中结算信息出来得最晚，加上文华财经也是迟迟不转载大商所持仓，所以总是不能及时看到。今天又是晚到4：00大商所才出信息，今日持仓空头大佬跑路的多，按理说对多头有利，但是很多人说前20名大佬多空持仓数据对比没什么意义，该跌照跌，该涨照涨。权当那些说法对吧，正好我是持空。写日记，明天的日期，题目：震荡期间，坚定持空。预留好明天三大城市的现货报价位置，开始写正文，老一套，已经习惯成自然的长线操作思维。

下午4：30，带贝贝下楼去遛，拿回《北京晚报》。订了报也不看，报纸上不如网上的消息可以自由选择阅读，尤其是不如期货信息更能吸引自己。

下午5：00，做饭吃饭。

傍晚6：30，登录鸡蛋报价网，青岛现货报价明天还是3.55

元。瞌睡了，先睡一觉。

晚上 8：00 多起床，急着看上海现货蛋价，报价明天还是 3.63 元。现货稳，期货也别指望大跌了。

晚上 9：00，夜盘开市。但不太关注国内商品，因为不做它们，不敢做。一个是它们跟随外盘太紧，常常夜里和早晨跳空高开或低开，难以招架；另一个是即使相对独立的品种，现在也难以琢磨了，过去觉得螺纹钢独立，没有外盘，但是这两年螺纹钢在高位反复震荡也跟妖魔一样。所以现在不做其他品种，只做鸡蛋，鸡蛋没有夜盘，中国鸡蛋是自产自销，不受外盘影响，再说美国也没有鸡蛋期货了。夜盘瞜一眼外汇：美元指数、人民币汇率、加拿大元汇率。

晚上 11：00，睡觉。睡前最惬意的事情是，盘算着鸡蛋期货 1805 能跌到哪里，95 价差会扩张到哪里。现在这种安然入睡的日子多了，盖因规则性错误已经修正了，规则本身已经符合期货的三原则，而概率中必然赔钱的操作性错误现在也没犯。过去曾经多少次夜不成寐不堪回首，就是因为规则有问题，犯了错误而不自知。或者是错过行情，或者是逆势持仓逆势死扛最后终于扛不住而致大亏。期货散户真是不能有规则性错误啊，一定要完善规则，至于概率中的赔钱的操作性错误，那是难免的，截住亏损即可。

梦中，1805 合约继续大跌。还是散户，脱不了。

《期货散户的一天》在网上发了，得到了一些鼓励，有的网站给我加精推荐，有的网友说写得很好。我很高兴，为自己正确的操作理念。

1805 合约多头大户们厉害，开春第一个交易日跌得不多，第二个交易日大涨，蛮力上拉 90 点达 2.5%。不过，这种强烈反弹走势在我的准备之中，两手准备，越过 60 日线 4 根便平空走人，或者单日越过 60 日均线 50 点也平空走人，不越过或者不到 4 根就继续持空。

我能接受而老陈不能接受，跟他约定等他写完剧本分镜头再回来检查我的效益。他一看今天大涨，我的空单浮利缩减 90 点，便幸灾乐祸地来教育我了，还是那些话，在我看来根本要不得，短线思维，左侧交易，不具操作性。他现在当批判武器使的准确预测不过是当时内心两种预测之一，错了就不来了，对了就回来教训我。

但毕竟是我的浮盈大幅缩减，内心焦灼的是我。我努力使自己心态客观稳定，希望自己能以中性的立场接受严峻的现实，因为如果到条件不忍痛出局就可能出现 2017 年 8 月那样的死扛大亏，但是不到条件而出局又可能错失 2015 年春季和 2017 年春季那样的大跌。

周末现货青岛和北京都上涨，过完年刚刚下跌就反弹了，真是令我失望。开盘 05 多头上拉，承接上周五的强势。

我做了一番历史分析，知道坚持 05 合约长线持空不容易，到手的利润都没了，这是惨痛的代价，可是，坚持长线标准不平空，更多的是成功，是赚到大钱。过去四年中有三年是长线持空赚大钱，2015 年初 05 上穿 60 日线三天后回落，高低落差 700 点，长线持空又多赚 400 点。2016 年元旦前 05 上穿 60 日线两天后回落，高低落差 400 点，长线持空又多赚 100 点。2017 年初 05 上穿 60 日线两天后回落，高低落差 1200 点，长线持空又多赚 1000 点。所以，从概率上讲，长线持空利大于弊。只有 2014 年初长线持空 05 是平盘出局，等了 3 个月白等，300 点利润全没了。这是长线持空的弊，但是小概率。

2018 年到底出现大概率还是小概率，还是未知，因为现货春节后立马跌了 1 块多，超过预期，预示春季现货不容乐观。对待 05 合约只能等待，希望大概率，下跌。如果出现小概率，上涨，不过是 300 点浮盈没了，就认倒霉。

有了这个认知，心里踏实多了。

此时，老陈那边又批评我，他看了我今天凌晨发给他的日记，我说啥结果都接受，无奈。他说："你经常是走极端，时而盲目乐观，时而又心慌意乱。"他毕竟懂短线技术，说看出今天不会大幅拉涨，本周都不会，让我别慌。

他的这个批评倒是符合实际。我是经常两头跑，忽而信心百倍，忽而沮丧透顶，操作起来也是心慌意乱，开多时心慌，怕晚了成本高了；平空时心慌，怕晚了利润没了或者亏损大了。我回复："你批评得对。我不慌。"

现货却连续回升，大出意料，跟过去年份比强太多，真不知道期货 05 合约会怎么走下去。

疑惑和不安之间，看了一场马东主持的"奇葩说"。一个年轻的"街球王"说的一席话令我非常受教，他以自己的经历说明：**怕输和敢赢是两种完全不同的心态，并导致截然相反的结果**。怕输则不敢行动、不敢投篮、不敢负责，急慌慌把球传给队友；敢赢则勇往直前，在最危急关头也主动向队友要球，越是最后越是落后越是敢于投篮。

我深受启发，我做期货不也是这样？我怕输，则不敢进场、不敢持仓、不敢试错，结果导致错失行情；而敢赢的时候，就不怕试错、不怕赔钱、不怕利润得而复失，知道赔钱不过是赚钱的组成部分，敢于赔钱才能赚钱。

落实到现在的 05 合约空单，就是不到条件不出局，坚持到底，要有持空的坚强耐力，大不了最后那点儿利润也不要了。

2 月 28 日是鸡蛋 1803 合约交割月前最后一个交易日，又来了一次多逼空，别的合约都是绿的，1803 却涨停，涨了 200 点，涨幅 5. 5% 。

这令所有做鸡蛋的吃惊，我们鸡蛋期货群里大家议论纷纷，期货论坛上也议论纷纷。

1803 合约收盘比现货升水 210 点，而 1802 合约 1 月 31 日进入交割月前是贴水 620 点，可见大户操控是多么厉害。

鸡蛋期货现在已经成了连续合约，每个合约都有上万手持仓，跟 2017 年 3 月交割制度改革以前不一样了。以前是不连续合约，只有 01、05 和 09 是主力合约，每个都能最多上几十万手，其他都是非主力合约，最多是几百手。大商所从 2017 年 3 月改革交割制度，便利鸡蛋产业户交割现货，激发了大户操控每个合约的热情，也导致进入交割月时价格升贴水差异很大。

**对于散户来说，应该尽量不参与非主力合约，即使参与平日炒作，也最好在合适的时候早点儿出局。**第一是散户不能进入交割月，必须在最后一天平仓出局，不管是多逼空，还是空逼多，都难以招架。第二是大户们虽然每个账户只能持仓 5 手，但是他们有办法多注册法人户，就可以针对散户而操控。

# 第十四回　惊心动魄的获利

进入 2018 年 3 月了，05 合约还是不跌，而是缩仓探底，增仓回升，盘中再次上穿 60 日线甚至 80 日线；同时，09 合约涨势较弱，95 价差缩减到 450 多点。考虑到现货比较坚挺，05 没什么升水，后市大概率下跌幅度不会大，很可能是震荡到交割，而 95 价差最终会扩张到至少 700 点，此时增开的对冲单子相当于 05 单向空单下行 200 多点到 3600 以下，效益一样大而风险较小，所以在 3 月 2 日 05 合约站上 60 日线六天时，**我加仓了与单向空 05 同等数量的 09 多单，相当于增加了对冲单子而取消了单向空 05 的单子，**现在是完全的对冲单子了。

这种情况类似于 2014 年春节后 3 月中旬 05 合约大涨时 95 价差缩减而加仓对冲单子后市一样获利，也类似于 2015 年春节后 2 月 26 日 05 反弹 200 点时 95 价差缩小而加仓对冲单子后市也能获利，还类似于 2016 年春节后 3 月中旬 05 震荡走高时 95 价差缩小而加仓对冲单子后市也能获利。

后市 05 合约可能跌也可能震荡，从过去的经验看，不管何种状态，大趋势上 09 合约都要强于 05，而 95 价差都会扩张，越往后越必然。

今年春季这波空 05 合约没有成为大概率，没有继续大跌，估计是重复 2016 年春季的震荡反弹到交割月。即使过几天还是出现大概率，05 还是继续大跌了，那我的换仓也不能说是错的，我不过是转而求对冲效益而已。

后面两个月就看 95 对冲的效益如何了，是不是重复过去四年的百分之百的价差扩张。

今天对冲单子逢价差缩减时加仓，结果价差更缩减了，这个只能认头，最迟3月中旬价差肯定会扩大的。

老陈是我的严厉的在野党，时刻盯着我的操作，不失时机地批评我，揭我的疮疤，这不，刚加仓对冲即大幅浮亏，又成了他有力的武器。

我无言以对，的确我是没成，的确我是增加了浮亏，只好转而去研究**历史上鸡蛋95对冲**以求得慰藉。

2014年3月13日，05合约涨到最高，95价差缩减到326点，春节后最低，其后缓慢扩张，4月8日到680点。2015年3月2日，05反弹到最高，95价差缩减到356点，春节后最低，其后缓慢扩张，3月27日到692点。2016年3月18日，05反弹最高，95价差缩减到425点，春节后最低，其后缓慢扩张，4月21日到930点。

特点：一是05合约反弹高点在3月中旬之前，也是95价差最低点；二是之后05不管是上涨、下跌还是震荡，到4月中旬之前95价差都扩张到最高点，至少在690点。

我做对冲不只是2017年，早在2015年春天就偶然做过，2016年春天又尝试做过，2017年是有计划做。今年是第四次，也是有计划做。

2015年春季05合约反弹过了最高点之后，我开了05空单，又害怕上涨，便开了09多单，只是想保护一下，而不是想套利，却没想到3月25日05和09合约都大跌，但05跌了200点而09只跌了140点，加上前几天05弱势，导致对冲95赚到了100点。当时没有价差最终会扩大到700点的认知，惊喜中早早解除了对冲，由此知道了95对冲有套利功能。

2016年春季05合约反弹，我在短线回调时开了空单，有些害怕，便又想起前一年对冲的好处，便开了09多单，没想到这次05没有大跌，但是09涨得好，95价差扩张更为迅速，没几天便获利100多点。也是没有价差最终会扩张到700点的概念，一看05跌破均线，便解除了对冲，把

05 空单和 09 多单一起平掉了，最后价差扩大到 900 点。

接连两年偶然性对冲 95 套利的良好结果和每年 10 月到来年 4 月 05 合约走势的不确定性，这俩反差令我深思。我便把历史上每一天的 95 数据列出来，看价差到底有什么规律。不列不知道，一列吓一跳，鸡蛋期货 95 对冲套利真是个客观的、必然的、最合适的、最科学的对冲套利组合。

2017 年春季就是计划中的做对冲了，效益很好。

2018 年又是计划中的对冲，我相信不会出现意外。

我相信不出意外只是一种看法，朋友们的担心可是挺大。尤其是老崔，又开始抱怨我，一是说我 05 合约空单本来可以赚到 300 点的，现在只赚到 100 点，计划很理想，实践很荒唐。05 空单平仓问题其实我有两个想法：一个是高低 500 点见好就收，即 12 月初开空后从最高点到最低点有 500 点时就主观平空。第二个是均线原则，就是我现在的这种做法，上穿均线走人，赚多赚少听天由命。可是我第一个“见好就收”的想法，过去总是被老崔指责，用我的均线原则指责我，所以我又有些胆怯，毕竟这四年来均线原则还是赚得多些。这次他又从相反角度指责我，我就把我的内心活动说给他，以示抗议，同时我把文华期货分析软件 K 线图上我在 2014 年、2015 年标注着 05 春季下跌中高低 500 点见好就收的画面截图给他，证明我不是临时瞎说。

老崔的第二个指责，自然是指责我加仓对冲加错了，造成浮亏。这个我无言以对，因为我的确是做错了，刚一加仓就浮亏几十点，有什么可争辩的？但是这不是规则错误，而是概率中可能的赔钱错误，避免不了，只能接受。

接受错误，但是纠正不纠正错误呢？如果不纠正错误，那就可能赔钱赔到爆仓。

我的鸡蛋期货群已经有网友预言：2018 年做 95 鸡蛋对冲不但是鸡肋，

而且很可能两者平水，即最后95价差可能到0。

这让我的忘年交哥们儿甚为恐惧：2017年价差出现了1100点极端扩张，今年会不会出现极端缩减？我给他打气说，有两个规范咱们冲不破：一是历史数据，咱们只能依据历史数据操作，不可能有另外的操作标准；二是95对冲这四年的走势，春季最低价差缩减为326点，最后也是扩张到了700点，这十几年的9月现货比5月现货最低高出600点，最高高出2500点。过去如此，2018年不可能95平水。

他说："也可能95价差一直缩减到4月底，然后到五六月份09合约涨起来，这样咱们的对冲还是不行。"

如何应对这种极端情况呢？是不是可以这样：**2014年春季95最低价差到了326点，今年以此为准，跌破300点则止损出局，上破300点再进场对冲**，既不死扛，也不错过套利？

现在目标和焦点都在鸡蛋95对冲套利上，检讨过去三年自己所参与的对冲操作是如何解除对冲的，很有必要。

以前是笼统认识：参与95对冲套利效果都挺好。这个认识鼓舞自己继续参与对冲。

但是仔细分析每一次解除对冲的操作，发现都有问题：并不完美，甚至说每次都是错的。

先设定**解除95对冲的理想状态，应该平掉逆势的单子，保留顺势的单子：**

2014年4月8日，价差达到680点之上解除对冲，此时05和09合约双双在多头趋势中，理应平掉05空单，保留09多单。

2015年3月27日，价差达到680点应该解除对冲，此时05和09合约双双处在空头趋势中，应该保留05空单，平掉09多单。

2016年4月13日，价差达到680点应该解除对冲，此时05和09合约双双处在多头趋势中，应该平掉 05 空单，保留 09 多单。

2017 年 2 月 15 日，价差达到 800 点应该解除对冲，此时 05 合约是空头排列而 09 合约是多头排列，正好符合持仓方向。从持仓方向这个角度讲不应该解除对冲，而应该继续持仓，到 05 转强，或者 09 转弱。

**以上四年，走出了标准的三种对冲图形：同涨、同跌、05 合约跌 09 合约涨**。相应地，同涨解除对冲，同跌解除对冲，05 跌而 09 涨则不解除对冲。

**第四种图形应该不存在，即 05 合约涨而 09 合约跌，因为不符合天然属性**：05 是天然空头合约，09 是天然多头合约。但是现在，从 2018 年 3 月开始，竟然出现了第四种形态：05 大涨在均线之上，而 09 跌破了均线。规律是不是就此改变？逆天的图形是暂时的，还是一个季节的？

我正好做过三次对冲和三种对冲的解除，但每次解除操作都不对：2015 年是同跌，应该平多 09 合约，保留空单 05 合约，我却都平了。2016 年是同涨，应该平空 05，保留多单 09，我却都平了。2017 年是 05 跌 09 涨，应该保留所有对冲单子，我却都平了。我错误操作解除对冲的结果，是没有让利润奔跑，也使得自己忌惮再次进场开多 09 而错过了“火箭蛋”行情。

正月十五元宵节，鸡蛋供应是渐渐多了，季节性供大于求，北京大洋路周日到货 21 辆车之多，这在平日里根本见不到。三大旗帜性都市反弹过后再次开跌，青岛、北京都跌回春节后最低，大洋路又到了每斤 3. 37 元。

现货走弱，表现出每年春季蛋价的规律。春节价格断层后最多反弹几天，但不会持续走强，会在底部震荡到 6 月，“火箭蛋”发射是 7 月以后的事情。

所以，05 合约也不会持续走强，多半会跟 2016 年春季一样，反复震荡，涨涨跌跌，甚至在某一天可能大跌一下，但也难以持续走弱，会在

3700 以上走到交割月。

现货的下跌和 05 合约的不能持续走强却能成为 09 的利好，春季鸡蛋利润微薄会抑制上鸡蛋，减少或者不增加 9 月中秋节鸡蛋供应，会令“火箭蛋”发射更高。

不用担心 09 合约持续下跌了，它和 05 的比价会扩大，对冲的历史效应定会重现。

早晨写的日记，开盘即应验。05 合约大跌 70 点，而 09 收红，价差扩张一天在 60 点震荡，尾市 05 多头大幅主动杀跌平多，价差竟然扩张了 80 点，一举达到了 480 点。令人大为吃惊，我当然更加欣慰。

最令我欣慰的一点，就是 95 对冲的规律没变。第一，95 价差在 500 点之内都是获利的大趋势，只要坚持住，到 4 月都能获利至少 200 点。第二，05 合约大涨时 95 价差缩减是暂时的，三四百点就是底部，不能此时跑路，需要一点儿死扛精神。

95 对冲四种形态，同涨、同跌、05 跌 09 涨、05 涨而 09 跌，我认为前三种是必然的，第四种是不可能的。今天看，第四种真是不可能的，才一天，就从 05 涨 09 跌转换成了同跌。

不仅是 95 对冲规律没变，其基础现货春季大跌规律也没变，春节一过立马跌 1 块没变，正月十五之前反弹、十五一过继续下跌也没变。

遵循规律才是期货取胜的武器。

对这戏剧性转折吃惊的还有三个哥们儿。

珠海老陈自然还是好为人师，说今天 95 价差扩张不证明他判断错了，我判断对了，要等最后，等 4 月中旬再说。这个我认，前两天形势危急时，他不看好价差扩张，连我也是疑虑重重，做好了价差缩减到 300 点我所有账户止损 250 点认亏出局的准备。如果我很有信心，那么上周五价差缩减到 360 点的时候我早加仓了，今天就能大赚 110 点。所以，不到最后平仓真不敢说谁肯定是对的。

电厂老崔说05 合约刚刚平掉空单，今天就这么大跌，真是没法整。我赶紧抚慰他，首先是短线没法判断趋势，多是随机运动，谁知道今天05 会大跌？就跟上周四谁也不知道09 会大跌一样。其次是咱们没有平05 空单，只是开了09 多单，是加了对冲单子。现在05 大跌咱们无须遗憾，价差扩张咱们一样得利。

忘年交哥们儿则是为我们对冲仓单的坚持而兴奋，说："这次对冲操作如果能够按照计划盈利，那就再一次证明咱们的策略水平要远高于群里的认知。"他说的群，就是我做群主的鸡蛋期货群。我说："是啊，真怕规律没了。"他说："这次套利做好了，咱们千万要保守好秘密，您就别在群里显摆了哈。"我说："人家都不信我说的了，我还显摆？"他说："您为何非要别人相信您啊？我相信您啊，所以咱俩同步。""是的，是的。"我回答。他对我规则的认同、商榷和风险提醒以及操作的支持是我信心的源泉之一。

**每年3 月，95 价差有三个特征：**一是3 月初挖个坑探出价差低点，价差缩减到400 点上下；二是一旦返身扩张价差就不会再大幅回头，即使05 合约某天大涨，价差也不会低于那个坑；三是05 如果不再大涨则价差会逐渐地、曲折地扩张到700 点附近。

2018 年情况对价差扩张更为有利：一是现货在正月十五之后下跌很深，北京几天工夫就跌了15%，利空05 合约，05 从均线的多头排列一天变成空头排列。现货到4 月才可能走强几天，05 在3 月就是年度最低点或者次低点，05 不大涨价差不缩减。二是现货下跌则利多09 合约，而05 下跌或者不涨则利多09，09 多头主力基础更牢固了。三是元宵节后这3 个交易日09 明显强势，价差3 天扩张了120 点，势头很猛，应该延续。

实际上势头并没有立即延续，真的是曲折地、波动性地运行着，"三八”妇女节这天，市场就没给我礼物而是给了我沮丧，价差缩减了20点，而且第二天继续缩减30点。

我已经有些发毛了，赶紧再做一番比较，看看2018年此时95**价差比往年是什么形势。**

2014年3月10日，价差是473点，正处在高位向低位的缩减之中，到3月13日最低点326点。而现在是455点，低于当年当日，但是从低点394点回涨，回升早。

2015年3月9日，价差是469点，已经从最低点356点回升。现在是455点，也低于当年当日，但现在也是在回升过程中。

2016年3月9日，价差是472点，正处于高位向低位的缩减之中，到3月18日最低点425点。现在是455点，低于当年当日，但也是在回升之中，回升早。

现在的价差点位不如那三年高，但是现在回升早，喜忧参半吧。

2017年的价差形势最好，从2016年9月底开市的400多点一路扩张到了1100点，到2017年3月9日价差是1080点，比现在高出了600点。那种极端好事可遇而不可求，但是，对我现在的持仓则是一种鼓励。

鼓励是一时的，打击常会发生。95价差前三天大幅扩张，这两天连续大幅缩减，从505点缩减到了440点，主力的意图难琢磨。

我对后市不得不再次做出严峻的打算，**细数对冲的四种结果。**

一是05合约上涨09合约下跌价差缩减到390点，我止损，平掉所有单子。前几天定的是价差缩减到300点止损认倒霉，但是3月5日一天价差回升80点，使得形势骤然变好，最高价差冲到了505点，如果再次回落，从技术上说应该跌破前期低点394点止损，95对冲以止损出局是最坏的结果。这种极端情况鸡蛋期货四年历史上没见过。2018年3月2日第一次出现05在均线上方上涨而09大跌破均线的情况，这让我极度不安。95

对冲规律是不是改变了？没想到第二天 05 涨 09 跌的不正常情况就结束了，重回同跌状态。如果再出现这种情况且持续地进展，则认头鸡蛋 95 对冲规律就此不再有。然后空仓等待 09 上穿均线开多，做“火箭蛋”。

二是价差扩张到 700 点，05 合约和 09 合约同跌，我们止盈，平掉 09 多单，保留 05 空单。待 4 月中旬最后时限平掉 05 空单后，空仓等待 09 上穿均线开多，做多“火箭蛋”。

三是价差扩张到 700 点，05 合约和 09 合约同涨，我们止盈，平掉 05 空单，保留 09 多单。如果后市 09 不跌破均线，我们便一直持有 09 多单，接上“火箭蛋”；如果后市 09 跌破均线，我们便平多出局，进场开空，在“火箭蛋”之前先做一波下跌。

四是价差扩张到 700 点，但是 05 合约是空头排列而 09 合约是多头排列，那就不做任何操作，坚持原来的仓单。从 2018 年 05 的强势看，这种最理想的情况不可能出现了。

95 价差不遂我愿，因此我对 09 合约做一下涨跌分析。

现货上周末是 3.26 元，比春节前最高下跌了 30%，跌幅已够，不会再大幅下跌。05 合约现在是 3680，升水 420 点，自从 2017 年 3 月改革交割制度后一般都能升水二三百点，所以 05 价位也算正常。现货不涨 05 难涨，现货现价 05 难跌。

95 价差扩张的一般规律是同跌时 05 合约跌得多，同涨时 05 合约涨得少，最理想的是 05 跌 09 涨。但是 2018 年偏偏 05 顽强不息，反而是 09 独自下跌，导致价差不能持续扩张而是反反复复缩减。

如果 05 合约大致价位可定，那么 09 合约是不是还要大跌，就成了我十分担心的事情。

比较过去四年，09 合约的形势是：

一是春夏最低点。2014 年 1 月 16 日是 4150，2015 年 7 月 8 日是

3850，2016 年 2 月 29 日是 3450，2017 年 5 月 31 日是 3400。现在是 4120，属于较高范围，距最低点有 700 点空间，向下的可能更大。

二是“火箭蛋”最高点。2014 年是 5500，2015 年是 4450，2016 年是 4300，2017 年是 4300。现在是 4120，距离最高点有 1400 点，比最低“火箭蛋”也有 200 点，现在的点位可上可下。

三是与 05 合约的比价。2014 年 95 价差是 4 月份最高 700 点，2015 年 95 价差是 3 月底最高 700 点，2016 年 95 价差是 4 月上旬的 700 点和 4 月 21 日的 900 点，2017 年 95 价差 2 月份即达 800 点，其后两个月更扩张到 1000 点以上。现在 95 价差是 450 点，应该百分之百地向 700 点扩张，如果 05 维持现价不动，那么 09 理应再涨 250 点。现在是 4120 就应该涨到 4400 一带，也就是说，09 不该再跌了。

四是比现货的升水。2014 年 1 月 16 日最低点 4150 时现货是 4. 00 元，而 09 合约升水 150 点（这是当年春节前，09 最低，但节后 2 月 19 日现货最低到 3. 30 元，而 09 已经涨到 4480，升水 1200 点），2015 年 7 月 8 日最低点 3850 时现货是 3. 20 元而 09 升水 650 点，2016 年 2 月 29 日最低点 3450 点时现货是 2. 80 元而 09 升水 650 点，2017 年 5 月 31 日最低点 3400 时现货是 2. 00 元而 09 升水 1400 点。现在 09 是 4120，现货是 3. 26 元，所以 09 升水是 860 点，属于较高水平，应该有 200 点下跌空间，很小了。

四个因素，一个看空，一个中性，一个看多，一个 200 点下跌空间也可以看成中性。综合看，其实还是多空不定。

但是我总感觉不会跌了，一个是 95 价差小，一个是在现货 2. 00 元时 09 合约尚且只跌到 3500 就属于空头陷阱了，而现在现货是 3. 30 元，那么 09 还能跌到 3500 去？不合逻辑啊！

我的主观逻辑未必合乎市场逻辑，刚刚写出分析 09 合约涨跌的文字，北京现货报价又大跌了，每斤跌了 0. 23 元，到了 3. 03 元。

这个数字有俩意义：一是春节后现货下跌幅度是 35%，超出我的预期

30%，我的预期已经是很弱了，实际表现得更弱。二是再次利空近月合约利多远月合约，很可能再次出现 05 合约大跌 09 合约小跌，从而大幅扩张 95 价差。

已经到 3 月下旬，距离解除 95 对冲不远了，也许几天就到，干脆定下解除对冲的操作办法吧，不再患得患失。

一是 95 都在均线之下，达到 700 点即解除对冲，所有单子都平掉。不到 700 点就拿着，等到 05 合约持仓只有几万手的时候平空 05，同时也必须平多 09 以免逆势持仓。

二是 05 合约上穿均线而 09 合约没有上穿均线，这个情形在进入 4 月后还出现则属于极端，估计不会再出现；如果出现，则跟持仓正好相反，双双逆势，就应该解除对冲平掉所有单子，那就不管价差了，即使赔钱也认头。2018 年 3 月 1 日出现过这种极端形态，当时令我恐惧，考虑到才 3 月 1 日，距离价差扩张的截止时限 4 月还早，过去四年都到 4 月甚至 4 月 20 日才扩张价差，所以我硬着头皮守住了仓位。05 空单和 09 多单都逆势持有，当时价差缩减到 400 点，我做好准备缩减到 300 点就认倒霉止损出局，庆幸的是那就是最低点，后来扩张到了 595 点，现在是 530 点；但是如果进入 4 月又来一个双双逆势，那就不能再冒险熬了。

三是 05 合约在均线之下而 09 合约上穿均线，正好符合持仓方向，那就等价差到 700 点，到了便平空 05，因为 05 升水才 200 多点，大概率不会再跌了，见好就收吧。09 多单拿着不动，正好接上“火箭蛋”。

四是双双上穿均线但是价差不够 700 点，考虑到进入 4 月 05 合约时限已不多，万一多头主力狂拉也是个不利，所以不够 700 点也平空 05，只留下 09 多单，接上“火箭蛋”。

就要过清明节了，历年清明节是现货反弹的时候。

这个周末，3 月 25 日，现货多地大涨。北京涨得邪乎，两天涨 10%，从3.10 元涨到了 3.40 元。

这验证了两点：一是春节后一个月是现货本年最低点或者次低点，果然，北京最低点是 3.03 元。二是清明节现货会炒作一下。

至于期货这边是不是大炒就不一定了，如果现货预计清明节后还得回落，那么 05 合约可能就不大炒，只是借势反弹一下而已。

05 合约周一的上涨是一定的了，高开高走是一定的了，升水由 300 点一下子缩为 0 点，平水了，多头主力一定会利用。

最关心的是 09 合约，是不是同步跟随 05，如果不跟随，只能认倒霉。

操作有没有犯错，这才是最根本的。从价差看，不到 700 点不解除对冲是对的。从均线形态看，05 合约处在空头排列，不平空 05 也是对的。从 09 合约的未来“火箭蛋”必然趋势看，09 多单在对冲没解除的时候不平多也是对的。操作都没犯错。

至于结果如何，那就真的是听天由命了。

时间接近 4 月，价差还不扩张反倒缩小，我真的是疑惑对冲规律还存在不存在。**对冲规律表现为两点：**一是价差如果缩小到不合理的幅度便会回升，如今年缩减到 300 点后回升到接近 600 点；二是最终价差能扩张到 700 点。4 月 20 日是历史上最迟的价差扩张日期，如果到那时候还是不扩张，就可以说对冲规律没了，至少是失效了一半。

现货还是根本，清明节反弹这就结束了，还不到清明节呢，3 月还没结束呢。

2018 **年** 3 **月** 29 **日**是个让人出乎意料的日子，期货 05 合约借现货开始清明节行情结束的回落而增仓打压 150 点甚至跌停，这已经是 10 个交易日以来第二次跌停了，在历史上几乎一个跌停都没出现过。而 09 合约跌幅很小，可能真的是 3900 价位不算高，“火箭蛋”至少发射到 4500，卖盘不多，主动性增仓加空的也忌惮。

**对冲价差扩张到 640 点了**，已经是 2018 年开始以来的最高价差，距离 700 点没几点了，想到前几次扩张又缩小，我沮丧又恐惧，甚至哀叹对冲规律是不是失效了，所以现在真想解除了对冲。

但是解除对冲就是两个操作：一个是平掉 05 合约空单，这个好办，也不怕，毕竟现货价格撑在那里，05 又能跌多少。一个是平掉 09 合约多单，这个难办，因为 09 见底迹象明显，此时平掉 09 多单，可能真的是平在地板上。

现在对冲的意义已经不仅是价差扩张了，价差扩张当然是我最需要的，扩张到 700 点也是我梦寐以求的。但是另一点，保护 09 多单尽量不出脱，也是很重要的，如果 09 是底，那么我的 09 多单最好是继续保留，不要出来后又不得不再追高进去。此时出脱 95 所有仓单可能会丢掉两个机会：一个机会是 09 强烈反弹越过均线的多头机会，这个在 2015 年春季出现过。当时是大跌后 05 合约反弹弱势而 09 反弹强烈，如果没了 09 多单那就必须在涨高了、越线了再重新进场，追高 200 点还可能赶上一个假上涨而又止损。另一个机会是价差扩张到 700 点以上，这是有可能的，2016 年春季出现过。当时 09 在均线之上涨势厉害而 05 是震荡，就是在这种形态下价差进一步拉大到 900 点。从这个意义上说，对冲解除的时间越晚越好。那么，现在还不到 700 点解除标准，倒是好事了，不解除对冲的操作有规则的支持，挑不出毛病，而到 4 月 20 日或者 05 持仓仅剩 2 万手的时间还早，可以等等。

05 合约空头打压太肆意，多头逢低买多的也不少，这样的下跌可能靠不住。05 升水现货是负数，负 200 点，不合理，增仓两成多，大的反弹随时发生。届时对冲价差如何运行，真不好预料，但是从现在的 09 合约坚挺程度看，一旦 05 上涨，则应该是 09 涨得多，从而恢复常态（下跌时 05 跌得多，上涨时 09 涨得多)，好在今天，3 月 29 日 09 持仓又增加，应该是更可以的。

看着价差扩张到今年新高了便有了强烈的平仓冲动，我知道这是不对的。每临大事有静气才是，而我的静气总是不够。

想把紧张的心情告诉忘年交哥们儿，听听他的意见。但是想到我的静气缺乏，亟须锻炼和增强，便把写好的微信又删掉了，我自己有方寸才能带领好大家啊。

为解除对冲，我外甥跟我说了一天。他对我的鸡蛋期货规则不清楚，也是典型的散户思维，见好就收，左侧交易，主观想象。我让他开账户我给他做，坚决不同意他自己做。他做期货，绝对会跟多数散户一样最终是赔钱，那样我将永远愧对他的爸妈。但是他对我如何操作却是盯得很紧，这次对冲，多次问我啥时候解除对冲。05 合约前几天比 09 强势，他反复说05 又涨了应该解除对冲了，搞得我心烦意乱。可是我又得跟他解释，我清楚，如果我没有能力解释，或者没有心情解释，则代表了我自己信心不足，也就不可能从容不迫地从鸡蛋里赚钱。今天他又来了，听我说为难，听我说怕 09 多单没了错过大幅反弹，听我说不想解除对冲，便反复说应该解除对冲，只要够 700 点就应该解除，明天到了就解除，否则就违反了规则。这个定性令我无话可说，规则是我制定的，这些日子也一直在说到了 700 点就必须解除对冲，事到临头又改主意，咋说呢？我只好说，我跟忘年交哥们儿商量一下，他懂我的操作规则，能给我提出有见地的主意。

我跟忘年交哥们儿说了，他倒是毫不犹豫：对，应该解除。既然到了规则条件，就应该执行。

我松了一口气：好的，明天到了 680 点就解除对冲，按规则办事。

又讨论了半天，大意是什么决策都是难以万全的，主要看自己的感觉。赚到了，按照规则操作了，便没有大遗憾，战略目标也算完成了，想每块钱利润都赚走是不可能的。

主意一定，告诉外甥，明天我将打开所有账户做好操作准备，枕戈待旦，到 700 点便平。

他也踏实了，说，好的。

我突然想，别让他以为是我让他自己操作，要不以后就危险了，便说："你可不能操作啊，我来操作。我怕你万一自己操作，将来可就麻烦了。"

他立即回话："不，不，我不操作。"

估计他也不会操作。别说他了，就连我，也对操作有种忐忑。我的规则是每年操作不了几次，长时间不操作，连操作的界面和文字提示都不很熟悉了，加上账户多，忙中出错，有的时候把买平搞成买开，该平的空单没平，而是开了多单，结果往往是瞬间造成亏损。

所以，这次要操作解除对冲了，一个是买平 05 合约的空单，一个是卖平 09 合约的一半多单。我怕出错，头天夜里夜盘时，进入几个账户看了看界面和文字提示，先熟悉一下，以免明天操作出错。

**2018 年 3 月 30 日，解除了 95 对冲，留下 09 合约一半多单。**

真是有些惶惶然，开盘前半个小时我便打开了所有账户，22 个账户，竟然耗时 20 分钟，把音乐也停了，为的是能静下心来。

开盘价差到了 660 点，距离目标点位差 40 点，别等了，操作吧。

买卖方向别整错，买平别搞成买入，卖平别搞成卖出，手数也别整错，价格差不多就行了。又是半个小时。

操作完成。平掉了所有 05 空单，平掉了一半 09 多单，留下一半 09 多单，不怕跌。例如，10 万元资金账户留了 6 手，跌 500 点也不怕，而 09 合约从 3850 跌到 3350 是不可能的。

梦想终于实现。其实不是梦想实现，梦想是赚到300点价差，实际上只赚到了150点。

不过，赚钱的目标总算实现了。

第一波增值情况：

10万元资金账户回升到12万元，弥补了2017年8月死扛01合约大亏后的一些损失。当时10万元资金账户从14万元亏到11万元，现在超过了11万元，但是尚未回到大亏之前的14万元。

老张的账户从元旦开立到今天，3个月，10万元增值到了12万元。

老婆账上被我弄来的23万元现在成了25.3万元。

所有账户总资金分三个时点，2017年5月16日最高是384万元，2017年8月7日止损01合约死扛的空单后是276万元，2018年3月30日第一波战役结束是366万元，尚未达到2017年最高。

真不容易，经受了多少磨难啊，受了多少指责啊，曾经精神都要崩溃了。就连最后解除对冲，老崔都指责我又犯错误了，还不到700点就解除对冲，还天天写日记谈规则，有啥用？我解除对冲是660点，离目标价差只差40点，他都能把我说得一无是处，全然不顾他的账户已经几乎恢复到2017年01合约死扛大亏之前的水平了：大亏后是29万元，之前最辉煌时是36.5万元，现在是36万元，挺好的了。

2018年对冲走势反复无常，扩大了又缩小了，有希望了又破灭了，甚至一天中一会儿价差扩张90点，一会儿缩减到20点，一会儿又扩张回90点。如果不是相信规律相信规则，坚守仓单不做短线坚持长线，哪里能取得胜利？

有喜有悲，有成有败。对冲单子获利了，但是05合约单向空单少赚太多，那天05上穿60日线6个交易日我加仓多单09合约，其实相当于单向05空单追高止盈出局，到3月19日05合约跌停，跌到3439，已经比我出局点位低了340点，即少赚340点，后市最低跌到3200，更惊人。

也难说犯了错误，因为 05 合约的确上穿了 60 日线有 6 根日 K 线，应该出局。至于后面再跌，一个是现货比春节前最高点跌了 35%，超出了常年幅度，一个是主力多头前期强力维护期价硬是造成 K 线的假象，这两点都是我难以把握的，认倒霉。做期货运气很重要，有时候还是决定的因素，没办法。按照规则做了，不犯大错误，这就行了，至于赚多赚少，那就真的只能是听天由命了。但是有一点我是有另外规则的，即 05 在年前第一波下跌中，如果高低 500 点幅度，应该止盈出局，然后等反弹 200 点之后再逢高进场开空，每年基本都是这种走势，只要耐心等待，出局、进场都可以等到合适点位。但是这种做法不符合均线原则，属于适度左侧交易，尤其是老崔总是拿均线跟我辩论，嫌我有时候不遵守均线，而他则是不科学地尊崇均线。例如，不符合季节涨跌大势的均线他也要依据，涨跌幅度差不多了他也不肯左侧出局，非要等均线，结果均线破了一点儿利润也没了。均线应该跟鸡蛋这个品种有关，季节周期，变动频繁，有时要依据均线，有时又不能依据均线。但是我的“适度、见好就收”规则在 05 合约上没有应用，一是过去扛过反弹之后能等到继续下跌，所以我这次还想扛扛，没想到 2018 年没扛过去而错过了继续下跌；二是我也怕老崔的指责，怕赶上了未按均线操作而错失行情，结果反倒是按照均线操作空单止盈而错过了继续下跌的行情。以后可以考虑 05 季节做空要适度、见好就收，高低 500 点止盈出局，然后等逢高继续做空，反弹 200 点进场开空。

毕竟这波赚钱了，满足吧。

这次胜利，再次证实了鸡蛋期货的 95 对冲规律继续存在，是客观的现象，以后还可以遵从这个规律。

这中间，看到网上一个帖子，说投机高手只有俩特征：一个是操作错了之后怎么处理；一个是操作对了之后怎么处理。

怎么处理？毫无疑问，截住亏损让利润奔跑。

我春季的规则没有问题，操作也没有问题。春节前后做空 05 合约，年前年后对冲95，长线持仓，错了止损，对了坚持。所以，我已经具有高手的两个特征了：错了止损，对了拿着。

反倒是在这俩问题上随意操作，才是危险的，随机性必须避免，长线才能把住趋势。

不做那99%的散户，要做严格遵守期货三原则的散户，做那1%的散户。

这个并不容易。别说泛泛啥品种都做的散户，就连我作为群主的鸡蛋期货群，我天天念叨只做鸡蛋，只做鸡蛋的季节周期，就这么大概率绝对每年能赚钱的思路，又有几个人听？有群友说："单说这个群里，原来说话多的现在没有几个人了。"三年来，多少新人来，多少旧人沉默。刚刚无聊，看了看群成员名单，发现原来耳熟能详的人不是不在群里了就是很久没有说话了。

但即使我有所收获，也不能对不足视而不见，否则以后也无法进步。

2018年，95价差扩张艰难。直到4月10日，都限仓到每人30手了，也没扩张到700点，最多价差那天就是我解除对冲的那天，才660点。我们平仓走人后4月12日，95价差甚至缩减到不足500点，令我庆幸，也令我警觉，看来不一定是最后价差必然扩张到700点啊，以后除非是价差三四百点开仓，否则真可能赚不着什么钱。

所以，**以后再搞对冲要注意两点**：一个是介入价差400点最好，超过500点就不做了，可以400点时进场1/4仓位，到300点再进场1/4，共计1/2仓位，剩下的搞05合约的单向做空。一个是从300点走强到500多点时可以先解除对冲出局，等缩减后再进去，不要总是坐过山车。

95价差和09合约绝对价格的关系，我还是没搞明白。2016年9月介入时09价格是3700，很低，2017年9月末介入时09价格是4200，较高。是不是应该把09的绝对价格作为开仓对冲的标准之一？09绝对价格超过

4000 是不是应该谨慎开仓对冲？09 绝对价格低于 3800 是不是应该大胆多开对冲？

写到这里，我想起老陈，他对 09 合约价格高低敏感性很强。2015 年春季，我在 4700 位置做多 09，宣称“火箭蛋”必然发射，他告诫我：“09 价位太高，升水现货 1000 点，不会涨的。”果然，09 先跌到 3800 才涨起来。2018 年对冲，我是 4230 买多 09 的，老陈说这个价位是不应该开 09 多单的。我只看价差不看 09 价格，所以对他的话不以为然。现在回头看，09 绝对价格高低也应该是开仓对冲的一个考虑因素。

**后记（2018 年 4 月）：**

对冲战役结束了，对冲战役胜利了，**却没想到的是，2018 年 4 月后面的日子里 95 对冲套利的结果竟然是这样的：**

4 月 12 日，95 价差 500 点，我 3 月 30 日解除对冲时是 660 点。

4 月 17 日，缩减到 392 点。

4 月 18 日，缩减到 317 点。

4 月 19 日，缩减到 293 点。

4 月 20 日，缩减到 264 点。

4 月 23 日，缩减到 239 点。

4 月 25 日，缩减到 187 点。

4 月 26 日，缩减到 169 点。

过去四年春夏之交，到 05 合约快结束的时候，从未有过低于 500 点价差的，现在是天天创出历史新低。

我一是庆幸和后怕。那天在 650 点解除了所有对冲仓单，如果当时坚持“不到 700 点不解除”，坚定持仓，一直等待，那么造成的亏损比 2017 年 8 月死扛 01 空单还要有过之而无不及。二是认识到 95 **对冲套利规律没了**。从 2018 年起，资金实力为王，大鳄们把 95 对冲套利规律消灭了，以后再也不能做95对冲了，不具备必然性的结果，绝不能作为规则来操作。

本来是把95对冲套利当作鸡蛋期货的四大规律之一的，三个季节涨跌周期一个对冲套利周期，并且是计划作为永远的操作之一的，搜罗计算出了四年多每个交易日的对比数据，成规模按预期操作了两年，成功赚了两年，竟然就没用了，一点儿用也没了。

感慨不已，写出一篇日记：

**三人行必有我师**

过去我想都不会想到，一直认为价差700点是95对冲的最终结果，认为是客观的必然的规律性。

老陈最早对我的认知提出批评，说逻辑上不成立，即使最终到9月份，09合约可能比05合约结束时的价格高700点，但是有可能在四五月份价差缩减到较小程度。我对他的批评不以为然。现在，我必须承认他说得对，我才知道我的规律性不具有必然性。95对冲的规律没了，被消灭了，主力资金可以凭借资金优势灭掉过去四年的必然性。

3月30日，价差扩张到660点前一天，我外甥喋喋不休地说应该见好就收。我本来是坚定持仓等待700点的，在外甥的黏性攻势下只好说我征求一下忘年交哥们儿的意见，他见解深刻、操作稳健。

那哥们儿立即回复：见好就收，解除对冲是应该的。如果怕09多单平在最低，可以留一半多单。

在这个问题上，我就有三位老师。

还有老崔。其实，他也不光是错误地指责了我95对冲的见好就收，他也有正确的意见。他在我解除对冲前几天说："以后别做95对冲了，只做单向空 05 挺好，单向空 05 效益比 95 对冲大得多。”我以有些年份单向空 05 来回震荡难以把握而 95 对冲效益稳定且具有必然性而加以异议。现在反倒证明了他的正确，不管以后 05 单向空如何被震荡折磨，95 对冲都是不能做了。

这篇书稿三大战役之第一战役（年底年初的 95 对冲套利和单向空 05 合约），洋洋洒洒的数万文字，最后一句却是：**永别了，我的鸡蛋期货 95 对冲套利。**

幸哉？悲哉？

扫码进入
线上无障碍交流
读书心得

# 第五部分

# 重登征程第二战：2018 年春夏做多 09 合约“火箭蛋”

每年三个计划中的战役，现在进入第二战：春夏之交做多 09 合约“火箭蛋”。

# 第一回　解除对冲时留有09合约多单

鸡蛋现货每年都要在八九月发射“火箭蛋”，2014年甚至在开春后便开始发射，涨幅至少50%，多则150%。例如，2017年，从2.00元涨到了近5.00元。

期货跟随现货，反映到09合约上，会在8月涨到4500以上，低点在春季三四月，最低曾到3400、3300。

我对鸡蛋期货的认知最大一点是“火箭蛋”，最早也是“火箭蛋”。“火箭蛋”“火箭蛋”……天天念叨，却一次也没做过。2016年6月，逢低买多坚信“火箭蛋”，被套300多点不止损，死扛，终于等到“火箭蛋”赚了150点，那次其实不是完整的“火箭蛋”，而是半个“火箭蛋”，“火箭蛋”早在3月就发射过了，7月再次走强只是反弹而已。

从未做过“火箭蛋”的原因是“火箭蛋”这个季节周期趋势飘忽不定，有时候早有时候晚，有时候先跌有时候直接涨，迷惑人的地方是升水，高升水让我不敢相信“火箭蛋”能早发射。2014年初，“火箭蛋”启动早，在1月末即启动了，从4100涨到5500，当时不知道鸡蛋这个特色，根本没做。2015年，09合约先跌到7月初，然后启动“火箭蛋”，从3840启动，十几天涨到4500。我当年4月曾经坚信“火箭蛋”而做多，但是被它先有的与2014年同期截然不同的下跌整泄气了，止损后，甚至从自选里删除了鸡蛋；到7月更没有参与“火箭蛋”，只是事后才发现“火箭蛋”终究又来了。2016年，09合约是3月初启动“火箭蛋”，价位最低3400，

5 月便涨到 4300，我以为现货大势不好期货 09 也难以上涨，所以又没敢做这波“火箭蛋”，还曾经在上涨过程中回调时进场开空，所幸及时止损出局。后来就是又进多单，半个“火箭蛋”死扛多单了。09 回探到 3700，又涨回 4300，回探中我是 4080 开多，被套 300 多点而死扛，坚信“火箭蛋”会发射，还真等到了，依据低高 600 点空间惯例应该见好就收，最后获利 150 点，在 4230 左侧止盈出局。2017 年春季，09 先是升水 2000 点，在 3 月末开始大跌，然后升水 1400 点，于 6 月 1 日在 3400 开始发射“火箭蛋”。我被升水束缚，先不信升水 2000 点会跌，再不信升水 1200 点会涨，最后又是错失“火箭蛋”。

2017 年 8 月，死扛 1801 空单大亏之后我进行了反思，认识到均线与季节周期不共振就进场是错的，认识到死扛不止损是错的，而且认识到 09 合约“火箭蛋”发射也是模糊不清似是而非的。回过头再仔细研究 09 春季走势，发现了**“火箭蛋”的几个条件**，可能是真的：第一是 09 本身价格，2016 年 3 月，09 最低到 3400，“火箭蛋”随即发射；2017 年 5 月，09 最低到 3400，到 6 月 1 日即使升水 1200 点照样发射了“火箭蛋”。可见，09 价格到 3500 那就是空头陷阱。第二是现货价位，2014 年 2 月，09 在 4100 即启动“火箭蛋”，是因为现货不跌了，2013 年禽流感大规模捕杀蛋鸡造成供不应求，现货蛋价早早开涨。第三是从 09 价位和升水综合来看，如果升水在 3 月快结束时仍有 1000 点，09 价位又在 4000 以上，那么向上做很难，主力就会先行做空。第四是 95 价差，如果已经扩张到七八百点，且 05 不再下跌，则 09 也不会再跌了；如果 05 继续下跌，则 09 可能先跌一波，就如 2015 年和 2017 年春季。

2018 年 09 合约走势较强，2 月还不到春节就已经早早上穿 30 日均线，涨回到 4200，这个价位再涨很难，很多人认为今年没有禽流感大规模捕杀蛋鸡，不会造成鸡蛋供不应求，不会出现 2014 年春季那样的鸡蛋现货、期货联袂持续上涨，但是立即下跌也难，因为现货下跌预期和 05 下跌预期都是未知。

还有，95 价差合理位置在七八百点，现在是 600 点，还有两三百点扩张空间。这空间一是可以由 05 合约的下跌实现，现在 05 是 3630，向下能看到 3300，那么 3300 加 800 就是 4100；现在 09 合约是 4190，下跌空间几乎封住了。二是价差扩张可以靠 09 的上涨来实现。05 不再下跌，则 05 现价 3630，往上加 800 点就是 4400；现在 09 是 4190，还有上涨空间。三是价差扩张靠 05 稍跌和 09 稍涨同时发生而实现。还有一种极端情况，即 95 价差像 2017 年那样扩张到 1100 点，则 05 和 09 的价格变动就会大很多，05 可能更低，09 可能更高。

矛盾中我已有的对冲单子就很占优势，进可攻，退可守：有 09 多单，不怕 09 再来一次长期大涨；有对冲单子，也不怕 09 不涨。所以，09 多单不能轻易平掉，一是价差扩张到七八百点以上再说，二是 09 到 3 月跌破均线再说。

在错综复杂的“火箭蛋”判断中，均线最大，均线成型未必就是“火箭蛋”，但是“火箭蛋”成型一定是均线先成。跟着均线走，即使错了，止损也没多少，而抓住“火箭蛋”便是有了摇钱树。

以均线为准，2018 年春节后 3 月要密切关注 09 合约价格变动，如果在 4000 以上且升水有 1000 点之多，则多半会先有一跌，一旦跌破均线就应该跟空；等跌到 3700 以下，则时刻准备进场跟多。图 5－1 可作参考。

老崔说我，你总是“火箭蛋”“火箭蛋”，可这几年也没见你做成一次。

我想今年——2018 年，再也不会错过“火箭蛋”了。5 年了，还没做成，还说得过去吗？

但是不敢打包票，因为我对“火箭蛋”没有完美的操作经验，只有一次半个“火箭蛋”死扛的经验，不属于赚钱的做法重复做而重复赚钱，还是试错。

**2018 年 3 月 30 日，解除了对冲，留有 09 多单，相当于这天这个价位**

**图 5－1　鸡蛋 1809 合约夏季“火箭蛋”艰难爬升震荡频繁**

**开的 09 多单**。今年第一波空 05 和 95 对冲做完了，下一步是做第二波 09 的“火箭蛋”。10 万元资金的账户是 6 手，依此类推。

# 第二回　09 合约 2018 年的形势

09 合约 2018 年的问题是，下跌幅度能有多大?“火箭蛋”能涨多高?

我的判断是：现价 3950 就是它“火箭蛋”之前的最低价，没有下跌空间了。理由有两个：

一个是现货的支撑。现货北京现价是 3. 10 元，比春节前本年度最高价跌了 35%，已经超出往年最大跌幅，更超出一般跌幅，所以不会再跌。而现货的“火箭蛋”发射高度预期，至少涨 50% 甚至涨 70%，那么中秋节现货位置就是 4. 50 元到 5. 00 元。对应地，期货 09 就是 4500 到 5000，如果加上交割升水，可能会达到 4700 到 5200，预期涨幅比现价高六七百点到 1200 点。

一个是历史现货“火箭蛋”高度与春节前本年度最高点之比价，绝大多数年份都是高出的，极少数年份是接近的，大幅低于的年份没有。2018 年春节前本年度现货最高价是 4. 70 元，那么“火箭蛋”发射高度不会低于 4. 70 元。对应地，09 合约“火箭蛋”发射高度也不会低于 4700，加上交割升水到 5000 也不是没有可能。

所以，09 合约“火箭蛋”预期远远高于现价 3950。现时的 09 向上看到 5000，也就封住了向下的空间。

**下面，我们看一下历史上四年 09 合约“火箭蛋”的涨升幅度。**

历史上（鸡蛋期货从 2013 年底上市交易开始，到现在的 2018 年，曾经有四年“火箭蛋”行情）“火箭蛋”发射得有多高呢？

对冲结束后，理论上将是两种情况持有 09 多单：一是对冲结束时 09 是多头排列，所以 09 多单没平，这是最好的。二是对冲结束时 09 是空头排列，必须平掉 09 多单而不管 09 价位如何低，平掉后等待 09 上穿均线重新开多。但今年实际上是另外一种情况持有的 09 多单，就是 09 尚是空头排列，但判断已经是底部了，所以直接保留对冲里的 09 多单。大致对 09 上涨幅度有个预判，可以较为合适地左侧止盈。

2014 年 2 月 09 合约“火箭蛋”之旅便开始了，最低到最高是 1400 点。这个巨大幅度以后遇不着了，那是前一年因为禽流感大规模捕杀蛋鸡造成了第二年鸡蛋供不应求，现在年年鸡蛋多，“火箭蛋”高度都小多了。

2015 年是拖到 7 月才发射“火箭蛋”，短促，低高才 600 点，越线进场最多利润才 300 点。一是时间晚；二是大跌突然转大涨，图形陡峭。这种形态更不能依据均线了，必须左侧止盈，可以按照低高 600 点见好就收。

2016 年“火箭蛋”是两段式：3 月发射一波，低高 1200 点，沾了豆类大涨的光；4 月 22 日回落，跌 600 点之后再震荡反弹。当时我只把后一段当成“火箭蛋”，也是低高 600 点，最后 7 月初重回前期高点。我按照低高 600 点常规走势平掉了 09 多单，从被套 300 多点到盈利 150 点，虽然少，但是庆幸左侧止盈，否则后面按照老崔说的均线止盈又成了亏损。如果启动时间早于 4 月，则“火箭蛋”延续时间长、涨幅大；如果启动时间晚，6 月以后，则短期涨幅大但整体涨幅不大，低高 600 点规则有效。

2017 年“火箭蛋”是 6 月 1 日启动的，当时我受升水 1400 点约束不相信能发射“火箭蛋”。但还是发射了“火箭蛋”，时间短，短期涨幅大，第一波涨了 700 点，所以低高 600 点规则有效。

可见，如果 4 月之前 09 合约走强，可以适度依据均线止盈；如果是 6 月才发射“火箭蛋”，则低高 600 点见好就收。

2018年3月30日，解除了95对冲，保留了一半09多单，正好遇到05合约这天大幅反弹，前一天05跌停到3208，比现货贴水200点了，极不正常。05的反弹也带动了09的反弹，对冲利润兑现了，又加了一层09多单的浮利。

老崔又埋怨我了："你就不该把09多单平掉一半，它肯定会上涨，你在地板价平多09，完全错了。"

"谁说它肯定会上涨？它跌到3500咋办？逆势持仓小一点儿不怕被套，重仓逆势你忘了2017年01的致命错误了？"我反击。

"跌到3500？可能性太小。"

"历来主观主义不都是可能性很小？"

他这次没有太外行："是，有点儿主观臆断。"

## 第三回　做 09 合约“火箭蛋”注意别犯什么错误

每每做完一波行情，总能感觉到做错的地方，或者做得不好的地方，前一波空 05 和对冲 95，回头更可以检讨一番，再做时吸取教训，争取多赚点儿。

现在 09 合约做多“火箭蛋”，可以未雨绸缪，注意几点：

第一个注意是，“火箭蛋”低位多单死扛规则有没有错误？现价 3900 半仓多单逆势死扛对不对？应该是可以死扛的。第一个理由是，3900 属于历史上 09“火箭蛋”发射前后的半价位置，低可以跌到 3400，有 500 点；高可以涨到 4500，有 600 点。这个位置只要仓位不是太重，是可以扛过去的。例如，现在 10 万元资金 6 手，假设跌到 3400，每手亏 5000 点，6 手亏 3 万元，实际还有保证金 7 万元，可以扛得住浮亏的 3 万元。死扛 09 多单的第二个理由是，现货价格春节后最低点是 3. 10 元，已经比春节前最高价跌了 35%，已经超过了以往最高跌幅的 30%，估计大概率是 2018 年春季的最低价了，那么“火箭蛋”一般比春季最低价涨 50% 到 70%，会涨到 4. 50 元到 5. 00 元。还有一个比价，现货“火箭蛋”以往多数年份都高于春节前最高价，2018 年春节前最高价是 4. 70 元，那么“火箭蛋”发射高度大概率能到 4700。这俩比价决定了，对应地 09 能涨到 4500 到 5000，也就封住了再跌的空间，估计前几天的 3800 就是 09 春季最低价了。第三个理由是，2017 年现货价是 2. 00 元时，09 最低是 3400，2018 年现货价最低是 3. 00 元时，09 应该跌不到 3400。有这三个理由在，可以说，09 春季下跌时是可以多单轻仓死扛的。这个跟 8 月份死扛 01 空单不一样，因为历史上有过现货蛋价 8 月之后直到年底都是上涨的情况，如果死扛 01 空单，万一赶上到年底一直上涨，那就死定了。

第二个注意是，逢低加多一定要耐心等候，不能着急早早加多，说是到 3600 加 2 手，那就一定要等到 3600，而且一定是加 2 手不能加 3 手，怕的就是判断错误导致重仓逆势，造成非常危险甚至致命的后果。

第三个注意是，除了准备死扛的仓位，其他仓位要坚决执行均线原则，不能违反均线，即均线之上全仓买多，跌破均线要出局，不要死扛。死扛多单获胜的基础一个是价位较低；一个是仓位够轻，如果仓位过重而死扛，则可能就真的死了。

第四个注意是，不能跌破均线便开空，因为 3900 或者 4000 的 09 合约价位不算高，现货价格 2018 年比较坚挺，做空获利可能不大，不如空仓等待做多“火箭蛋”。绝对的均线原则不合适，因为鸡蛋每年三个小周期，符合季节周期的均线可靠性大，而悖逆季节周期的均线靠不住。

第五个注意是，不能过分看重止盈均线。最好是适度左侧止盈，依据历史数据，“火箭蛋”低高 600 点见好就收。等涨得差不多时，挂卖平单子在高位等待。我们这一年有两次在高低见好就收方面做得不好：一次是 2017 年 8 月做空 01 合约，应该高低 500 点见好就收，没执行；一次是 2018 年春季做空 05 第一波，应该高低 500 点见好就收，也没执行。

规则没错，执行不犯错，严防死守，就能把“火箭蛋”行情做好。

# 第四回　09 合约 2018 年何时发射“火箭蛋”的三个决定因素

我现在专注 09 合约的“火箭蛋”，它什么时候能发射？

2014 年是 2 月开始发射，升水现货 400 点，延时几个月。

2015 年是 7 月 10 日发射，升水现货 500 点，延时十几天。

2016 年是 3 月初发射，升水现货 400 点，延时一个多月。

2017 年是 6 月 1 日发射，升水现货 1400 点，延时十几天。

**“火箭蛋”发射有三个决定因素：**一是 09 合约比现货升水。三四百点就该发射了，升水不会更低。二是 09 绝对价格，低于 3500 就该发射了，而不管升水多高。三是时间。09 价格没到 3500 空头陷阱，升水也高于 600 点，但是到 7 月上旬“火箭蛋”发射再也不能推迟时便该发射了。

现在，2018 年 4 月 2 日，09 合约的价位是 3900，比现货升水 700 点而不是三四百点，所以难以发射“火箭蛋”；09 也不是绝对低价 3500，不是空头陷阱，所以也难发射；升水和价位都不符合提前发射的条件，那就只剩下时间，现在还能再拖三个月，等拖到不能再拖的 7 月上旬就得发射了。

但是升水和绝对价位是可变的，所以现在也不能确定“火箭蛋”一定不会在 4 月到 6 月发射。

尤其是还有主力每每玩花招儿，他们既然可以提前或者拖后开启季节周期，那谁知道他们 2018 年啥时候有动作呢？

枕戈待旦，越过均线便追，是我唯一能做的。

等待是熬人的，还是免不了想再分析一下“火箭蛋”发射时间：

09 合约价位 3900，不低不高，位置尴尬，判断发射“火箭蛋”时间是个难题。

09 合约升水现货 700 点，属于较高位置，难以上涨，但 09 是天然的多头合约，现货“火箭蛋”发射后，这个升水就太低了，预期上涨很强烈，所以判断“火箭蛋”发射时间也是个矛盾。

现在是 4 月初，现货“火箭蛋”到七八月才能发射，期货提前反应，期货发射“火箭蛋”也应该是六七月份，还有两个月，所以现在发射“火箭蛋”会耗费多头很多资源，于多头不利。

左右为难，到底什么时候发射“火箭蛋”呢？

2016 年 3 月就开始发射了，当时现货是 3.00 元，期货 09 合约是 3400，升水 400 点。我当时根本想不到那么早就能发射“火箭蛋”，不参与，结果是踏空，错过了。现在 09 是升水 700 点，比当时高 300 点，但是这 300 点真不多，在“火箭蛋”高度面前属于小头儿，如果现在就发射“火箭蛋”又有什么难度？

2017 年 6 月 1 日发射“火箭蛋”，当时 09 合约升水现货达到 1400 点，这个点数还能发射“火箭蛋”？不可思议。但是就是发射了，我又踏空了，又错过了，只能服气主力的任性。那么 2018 年升水才 700 点，根据现货“火箭蛋”高度 50% 或者 70% 能到 4.50 元到 5.00 元的常规预期，期货 09 现在这个点数发射“火箭蛋”能有 600 点到 1000 点空间，跟 2017 年比可是很容易完成的任务，那么主力又有什么不敢发射的？

所以，从现在起“火箭蛋”随时可能发射，条件是可以成立的。

一旦越线，立即追涨加多，真得抛弃一切疑虑。

## 第五回　09 合约越过均线进场开多的胜率

在鸡蛋季节大势预期里，共振开仓是个原则，09 合约春季越过均线就该加多，否则也是不客观。20 日和 30 日两条均线，胜率不同，但都是大胜率。

20 日线，过去四年春季以越过 20 日线为准进场开多，共计操作 6 次：错 2 次，对 4 次，胜率 67%。样本数量少，但是鸡蛋“火箭蛋”周期最终上涨的趋势确定，保证了顺应大势的胜率自然高。

30 日线，过去四年春季以越过 30 日线为准进场开多，共计操作 5 次：错 1 次，胜率 80%。对 4 次才错 1 次。样本数量少，但是同样，鸡蛋“火箭蛋”周期最终上涨的趋势确定，保证了顺应大势的胜率自然也高。

所以，只要确定一条均线标准，错了止损出局，对了就坚持，低高 600 点见好就收，整体上靠“火箭蛋”行情赚钱是必然的。

考虑到 2018 年现货价格现在是 3.10 元，09 合约现价 3900 并不算高，再考虑到现货“火箭蛋”发射高度在 50% 到 70% 能涨到 4.50 元到 5.00 元，那么 09“火箭蛋”涨到 4500 到 5000 并不算冒估，所以 2018 年加多标准可以适当缩短，定为 20 日线。

4 月 4 日是周三，清明节假期前的收市日。美豆粕、玉米都大跌。

中国期货散户这边激烈讨论，认为必然地，中国大豆期货将大涨，因为美豆加税 25% 到中国就将达到每吨 4200 元，而现在中国产大豆才 3700 元，所以中国大豆必须涨过 3700 元，而且中国豆是非转基因的；另外，大连豆粕、玉米也将大涨，下周一清明假期结束开市连续涨停都有可能。

我想到了鸡蛋，如果饲料类大涨，那么鸡蛋成本提高，逻辑上也该大涨，至少不会下跌。

忘年交哥们儿也想到这点，跟我探讨，结论是：09 合约“火箭蛋”预期上涨和饲料成本大幅增加预期的促进性上涨，是鸡蛋上涨的叠加因素。

我甚至极为担心，如果下周一鸡蛋 09 合约大幅上涨越过均线，我是追呢还是不追？不追吧，越过了均线；追吧，像这种突发消息导致的上突很可能是个假象。

可是这种担心似乎完全没了必要：第一是美豆反应过度，跌幅最后收窄，而美豆粕甚至收红。第二是中国鸡蛋现货没有任何刺激上涨的表现，反倒是纷纷下跌，节日期间，上海、北京都跌，达到了春节后已经出现过的最低点。

鸡蛋 09 合约不涨才好，虽然我是一半多单，还是希望 09 能稳住，毕竟现在才 4 月，这就发射“火箭蛋”，太早。

但是清明节长假最后一天显示，开市后鸡蛋期货多半要涨，因为现货旗帜性城市的青岛现货大幅回升，从 3. 11 元一下子涨到了 3. 22 元，山东普遍开涨。

这让我对均线原则强化了确认，如果明天真的上穿 20 日线，我就必须加多了，即使“火箭蛋”时间太早也必须。

开市前夜 7：00，是第二天青岛现货报价的时间，青岛接着涨，涨到了 3. 33 元每斤。开市当天凌晨 5：00，北京报价也涨回来了，3. 19 元。这样，加上国产大豆、豆粕、玉米预期大涨，双重促涨因素，叠加逼着期货鸡蛋上涨呢。

连我作为群主的鸡蛋期货群，也有群友直指要害：分析很多，事实明了，就看你有没有胆量追进去。

## 第六回　2018 年 4 月 9 日，我所有账户加满多单

这天高开，大幅高开，出乎预料。

鸡蛋期货 05 和 09 合约都跳空高开在 20 日线之上，05 甚至涨停，但是立即分化，只有 09 坚挺，增仓红盘，05 就要交割了，最多就是震荡出货，趋势不可靠。

我的规则是说，**越过均线要加多 09 合约至全仓**，但是真到了这一刻，还是很不安的，因为 09 涨得太多了，中午涨了 105 点，大大超出我的心理承受力。

我立即想到的是，不加了，等后市回调再加。如果后市不回调，我就彻底不加了，等铁矿石见底后我去做铁矿石多头。现在是 4 月，到 8 月做空 01 合约鸡蛋还有四个多月，这么长时间里，铁矿石多半会有上涨趋势，现在铁矿石是 440，是从 570 跌下来的，历史大底是 300 点，向上向下都有可观幅度。我等着就是，越跌越好，不跌了正好这四个月里做上涨行情。但是立即想起 2017 年四五月份踏空 09“火箭蛋”后去做玉米，最后铩羽而归。不做其他的只做鸡蛋，这个规则忘了？

我又想，历来鸡蛋期货开始一波行情，都是以上百点的巨幅为标志的，不管是 05 合约在 12 月的下跌，还是 01 合约在 8 月的下跌，还是 09 合约在春季的上涨，都是巨幅长阴或长阳起始。2017 年 6 月 1 日，09 甚至一天涨 210 点扭转大势发射“火箭蛋”，四平八稳的转势没有见过，不敢进场，就会错过季节周期。

又想，如果我没有现在的半仓 09 多单，那么我是不是应该进场开多？绝对是应该的，否则就彻底踏空了。所以，现在就应该以我尚未开仓的假设为依据，把那半仓多单开了。克服了心理障碍，下定决心，硬着头皮，下午 2：00 加仓。

下午 1：00，打开 22 个账户；2：00，开始操作；2：20，4049 价位加够多单仓位。

为了防止被干扰，还退出了微信，直到彻底操作完毕，检查完毕，没有错误，没有手误。

外甥问我："舅，多少点止损？"

"100 点吧。"

又问："多少点止盈？"

"400 点吧。"

外甥刨根问底，我按规则回复。这倒令我轻松了，100 点亏损换 400 点利润，盈亏比 4∶1，上算啊。而且，令我感到欣慰的是，09 合约后市上涨是大概率，这个都分析过了。

但是后面我看看 K 线，想干脆以 3900 为止损点得了。期货投机宽止损是个原则，150 点止损，估计也就不用止损了，多头主力怕是不会允许 09 合约再回到 3900 以下。即使以 150 点止损，盈亏比也是 350∶150，是 2.33∶1，仍然上算。

老陈也问我："你今天加多，跟原有多单平摊下来成本是多少？"我还真不知道，因为两个批次多单，懒得计算，按照低高 600 点见好就收就成。我回答："不管成本，涨到 4399 平多止盈，3800 起始，低高 600 点到 4400，我提前一点儿出局。"

不要想着提前止盈出局了，加多第二天便较深入套，4049 加多，跌到 3990，几百手多单，浮亏已经惊人了，几十万元了。

但有两点让我沉静下来：一是定好的宽止损计划，跌破 3900 才止损，早呢。二是历来做季节周期的开仓都是这样，05 合约在 12 月开空，01 合约在 8 月份开空，都是进场后很多入套的，开仓即大赚几乎没有。着急无用，耐心等着最可取。经受不了的直接浮亏变实亏，扛住的则最后获利，而且能达到预期目标利润，只要自己能坚持到底，或者见好就收。还有，2 月 5 日我从老婆那里搞到了 23 万元资金，入市后追高开了 95 对冲，进场价差 560 点，当天便大幅缩小，几天工夫缩减到了 390 点，入套 170 点，23 万元浮亏到 18 万元多，但是坚持下来，还是价差扩张到了 650 点，最后平仓出局 23 万元增值到 25 万多元，昨天加开 09 多单时已经增值到 27 万元。

或者说，可以当天不追高，等后市回落时再进场？其实把握不了，如果第二天继续上涨追不追？如果不追踏空咋办？如果追，岂不比头一天尾市更高？

那么，等回落时再进场呢？但谁知道什么时候回落，又回落到什么点位才是合适的进场时机呢？

所以，从逻辑上说，只能以坚决地进场对付一切后果：涨，好；不涨，等待；跌，跌破均线或者跌到止损位认亏出局。

期货的规律就是这样，期货的操作就得这样。

这边担心鸡蛋 09 合约回落，那边老崔对我的见好就收止盈法又提出质疑。“止盈是 600 点还是按均线呢？不是还有时低高能到 900 点吗？”

他又是一贯地“不卖在最高不罢休，不买在最低不罢休”，世界上哪有那么好的事情？我回答：“600 点，坚决不能再犯错误。宁肯少赚，也要赚到，01 和 05 合约的懊悔再也不能重复。”

“‘火箭蛋’发射高度大部分年份是 600 点？”

“是！”我斩钉截铁又补充一句：“01 和 05 合约，教训深刻，必须见好就收。”

“按均线执行的情况你的统计数据怎样?”他还不死心。

“均线最高不止盈，跌下来止盈便只有 300 点了。”我说的不是假话。鸡蛋期货历史四年中，只有一年即 2014 年因禽流感扑杀蛋鸡造成鸡蛋供不应求，才有按照均线获利超过 400 点的例子，其他年份按照均线止盈真的是失去几百点。“按照大概率做，效益更高。”

“那好吧。”

不如意事层出不穷。我打开“鸡民之家”网，竟然出现了这行字：思虑再三，论坛仅存的一点意义，QQ 和微信都可以达成，决定关闭……感谢一直以来支持论坛的朋友们!

这可是个大问题。

站长的决定我理解，现在办个网站要花不少钱。但是这几年，鸡蛋现货报价网一直是我天天关注甚至时时关注的参考信息来源，我每天傍晚 6：00多关注青岛的现货报价，晚上8：00关注上海的现货报价，早晨5：00多关注北京的现货报价，都成每日必需的工作了，对预测第二天的鸡蛋期货行情心中有点儿数。原来有个“1 鸡蛋网”，后来关张了。我又搜索到“鸡民之家”网，也是这些报价，也是这些时间，却又要关张了。

每天少了三个必须关注、喜欢关注、定时关注的信息来源，尤其是节假日、长假期间，关注它们更是我聊以度日的必备节目，以后怕是难以适应。

我把问题放在鸡蛋期货群里，有群友说：“其实你是做大波段的，晚一点得到鸡蛋现货信息对你影响也不大，还正好可以休息休息，少操那么多心。”

也是。

# 第七回　09 合约均线与时间的矛盾

鸡蛋 09 合约，从时间上说，大多数参与者认为应该有个下行阶段，因为现货还不到“火箭蛋”发射的时候。现货到梅雨季节还会回落，那么 09 也应该回落，所以最好的参与时机是回落之后，最好的图形是 U 形，最好的参与点位是 3800，甚至 3500。鸡蛋期货群多数人就是这个思维，有的说如果上涨那宁肯错过，不做了；也有的不是长线买多，而是逢高卖空做短线搏一把回调。短线随机，可能赚也可能赔。群是社会的反映，散户的特征一应俱全，我在群里经常说、反复说“客观对待行情，只做季节大势，长线持仓”，群友 140 号人，没谁听得进。

但是多头主力会怎么想？他们也知道六七月是最佳的“火箭蛋”发射时段，4 月就往上做费力，他们会不会撤退而让 09 合约回落到较深幅度从而使做多的资金从容进场等待必然的拉升？这是矛盾，也是博弈，谁压倒谁？从“火箭蛋”必然性看，主力不可能不做，不可能把“火箭蛋”废了，那么越晚做越可靠，最晚就是 7 月初。但是主力又会耍花招儿，既然“火箭蛋”必然发射，那么耍的花招儿只能是提前做行情，就跟 2016 年 3 月就开始做一样。2018 年会不会 4 月开始做，让不相信现在就发射“火箭蛋”的对手盘逢高开空逢高加空，也让踏空者着急，等 5 月做到 4500 附近时，所有人都以为“火箭蛋”时段快来了，跌不下去了，后面还能涨，应该跟进了，而主力就撤火，把追高的套进去，诱导一直深套的空头止损，也跟 2016 年春季一样？

我还有个情况，就是按照20日均线，我已经进场追高加多。既不像很多散户那样期待下跌，也不敢相信主力多头一定能撑住4000，我的唯一标准就是均线，与季节周期“火箭蛋”上涨大势共振了，只能开仓，只能坚持。如果最后多头主力没撑住，大家的盼跌期望实现了，我也只能认输出局。

4月13日，鸡蛋09合约走势独立了，开盘05合约缩仓下跌而09增仓上涨，09已经成了绝对老大，没必要再仰05的鼻息。09盘中剧烈震荡，尾市收红32点，10日线上穿20日线，20日线走平，连续三天收在30日线之上。价升仓增量增，技术形态强势，距离我的加多成本区已经有30点浮盈了，对我长线持多、坚定等待“火箭蛋”是个极大的鼓舞。

形势见好，我既高兴又担心，怕犯错误，导致又跟2017年一样把利润归零。思索这一年的得失，觉得有必要简明扼要地跟几个哥们儿说说，让他们当我的镜子，让我看见危机。

我每天写日记给几个哥们儿，这个书稿没给他们看，但其中很多是互通的，两边都在不停地思考，深化着对鸡蛋期货的认知。4月14日日记：

**看账户，提警觉**

这次春季战役，成果不理想，05合约单向做空只赚到100点，理想是赚到400点，少赚的原因是05下跌第一波没有高低500点见好就收，也就没有胆量在反弹200点时重新进场开空。95对冲只赚到150点，理想是300点，少赚的原因是入场太早，价差500多点即开仓，而在价差缩减到300点时也没敢加仓，再就是没有在300点扩张到500多点时见好就收，后面可以缩减时再开仓，反复做。但即便有这么多不足，还是值得欣慰，我把账户算了一下，22个账户，资金总额跟2017年5月最高时的390万元几乎持平，比2017年8月死扛01空单大亏到270万元回升了大部分。虽然这一年增加了两个账户，但是老账户也有出资金的，进出基本相等，所以现在的总金额跟 2017 年有可比性。有的账户已经达到 2017 年 5 月最高时的金额，甚至有点儿超出。只是我弟弟的账户惨不忍睹，比去年 2017 年最高时还差 20%，原因我记得清清楚楚：2017 年 8 月 7 日 01 空单再也不敢死扛而早盘急急忙忙通过集合竞价止损时，我操作 20 个账户手忙脚乱，学校网络那天又不通畅，输入好几次也没反应，一直折腾到 9:30 才看到成交断断续续回报。有的早有的晚，有的高有的低，有的账户集合竞价以最低价成交，而我弟弟的买平价格正好打在最高，成交在最高，亏损金额最高。如果给他的操作稍晚点儿或稍早点儿，都能少亏 100 点，总计能少亏好几万元；当然，他亏得少别人亏得会多，只不过是换了个账号而已，都是我造成的。

两三天工夫一举亏了 120 万元，亏掉了 30% 的资金，导致两年白干：前一年利润没了，白干一年；后一年弥补亏损没增值，又白干一年。

一切都赖死扛，怎么能犯那么逆天的错误？

死扛都错吗？从那时到现在，95 对冲死扛了，540 点价差开仓的，死扛到 300 点，最后还是获利 100 点。09 合约现在的多单，我也曾经计划在 3860 一带死扛的，现在涨到了 4080。还有 2016 年 5 月 09 多单在 4080 入套死扛，最低跌到 3730，浮亏 300 多点，死扛到最后却赚到 150 点，在 4230 止盈出局，而且那次成了我开始从鸡蛋期货系统性赚钱、计划性赚钱的起点，从那以后有了明晰的操作规则。可见，鸡蛋期货不是每次死扛都不应该，09 的 3800 以下，甚至 4000，都可以死扛，毕竟鸡蛋生产成本和“火箭蛋”预期摆在那里，跌有底，高低 600 点就差不多了。95 对冲到 300 点价差必须死扛，因为历史数据显示最终它会扩张到 700 点，2018 年始终没有扩张到700点，但是也扩到了600多点，还是比300点高出300点。但是上面三次死扛，都是以最多半仓为原则的，仓位重了，死扛就真成了死。轻仓死扛，只要价格不是巅峰做多，不是低谷做空，则在鸡蛋季节周期下是必然赚钱的。

也许只有01合约在"火箭蛋"发射时期不该死扛空单，因为历史上鸡蛋现货有过中秋节后没怎么跌而又涨起来比中秋节前还高直到年底的。

然而错误不仅在此，2017年3月末现货2.00元，期货05合约高达3300，接近交割了却升水如此之多，难道不应该破线跟空？同时的09合约高达4300升水2300，怎么算"火箭蛋"也难以发射到这个高度，难道不应该破线跟空？2017年6月1日09大涨上穿均线与季节周期形成共振，难道不应该开多？如果这些都跟着均线走，还不赚得更多？那样，即使死扛01亏损比例是一样的，亏损的绝对数额也多，但是整体资金基数大了，亏损后剩余的绝对额也大，经过这波回升后总计资金也比现在多。

现在规则里别的错误还没发现，死扛的部分已经取消了，准确地说，应该是01空单死扛删去了。如果不再犯01空单死扛的错误，那么2018年效益应该可以得到保障；而且，现在的规则对05和09合约的季节操作有更深入的认识，不会错过行情，赚得应该会多。

后面截止到9月，还有两个战役：一个是多09合约，线上坚守，线下止损一半，越线再进，低高600点见好就收，保证能赚到300点，"火箭蛋"战役能赚到30%。再一个是8月空01合约，共振破线开空，高低500点见好就收，基本也能赚到300点，则又能赚到30%。

两波下来赚到60%，账户的样子一定令人开心。

“井无压力不喷油，人无压力轻飘飘。”我把账户的盈亏对比和利润目标告诉哥们儿，在大家面前夸下海口，请大家监督，就是想在哥们儿或笑话或担忧或赞美中把自己逼上绝路，如果我再犯重仓死扛的错误，或者其他无视趋势的错误，那就是自作孽不可活；如果必须遵守规则，避免犯错，客观操作，自然赚钱，那就是绝妙之路，余生可以自豪地为自己成功的鸡蛋期货生涯吹牛。

其实，现在已经很开心了，昨天周五 09 合约大涨，所有账户已然全面超过 2017 年最高点的金额；但是这更加提醒我不能忘乎所以，不能利令智昏，不能犯错误，不能乐极生悲。

有一个账户仍属不幸——我弟弟那令人瞠目的亏损状况依然迹象犹存。他的账户在第一场战役中尽管也提升了 30%，尽管上周五 09 合约上涨浮利也增加了，但距离 2017 年最高还差 10%呢！

## 第八回　重温鸡蛋期货的五个详细规则

"一朝被蛇咬，十年怕井绳。"浮利越增加我越是担心，生怕自己不知不觉中跌入另一个陷阱，心中反复默念要遵守规则，但往深了想，具体告诫自己怎么遵守时，才觉得有必要**简述一下我的鸡蛋期货详细规则**。

第一，上半年依均线做多 09 合约，低高 600 点高挂卖平见好就收。

第二，8 月依均线做空 01 合约，高低 500 点低挂买平见好就收。

第三，9 月末做 01 反弹，越过均线且低高 200 点进场开多，赚 150 点见好就收。

第四，11 月关注 05 合约，上穿均线买多，赚 100 点见好就收。

第五，12 月依均线做空 05，高低 500 点见好就收，反弹 200 点重新开空，高出 100 点止损，下跌则见好就收或均线止盈。

高兴早了，下一周，就是 09 合约震荡回落的日子。

如果现货下跌也就算了，如果 05 合约下跌也就算了，偏偏难以理解的是，现货大涨，05 大涨。现货在 4 月 14 日到 4 月 20 日从 3.41 元涨到 3.75 元，涨幅 10%，05 从 3515 涨到 3742，涨了 200 点，而 09 则是从 4082 跌到 4006。

**我都怀疑鸡蛋期货的规律性还有没有。**

两点证明：一个是 09 合约升水现货此时只有 250 点，历史最低，2017 年这个时候是 1500 点，2016 年这个时候是 570 点；另一个是 95 价差竟然缩减到 264 点。

匪夷所思，匪夷所思啊，尤其是 95 价差！

我的失望、庆幸、后怕、沮丧、气愤、恼火，所有不如意的情绪都来了。

恰恰此时，同事老胡给我发来一条短信：“老李你好！09 合约似乎像要往下调整了，别到手的利润又缩没了。别老是坐过山车，消耗了时间，涨涨跌跌，看得心跳，但最终到手的利润达不到目标。做技术的，总喜欢逢高出，逢低入，和做长线的心态不完全一样。”

我的气一下子就来了，几乎是失去了理智，09 多单我一半是 4050 进的，最多涨到 4120，并且是瞬间冲高到那个位置，我哪里有那么大能耐在最高处平多？而且做多也才仅仅是 70 点利润，也不是见好就收的幅度啊。我实在忍不住，脱口而出：“老胡，投机没法指导操作，事后的懊悔于事无补。你是老股民了，还不知道这个道理？什么技术指标？它能有多高的胜率？按照它来做，又能抓住哪次大的行情？你回过头看看历史，哪一次按照所谓的技术指标能操作好？今年春季单向空 05 合约，是应该见好就收，但是那个‘好’是高低 500 点平空，而不是什么技术指标。当然，我没有见好就收是错误的，但是究其根源，又是跟你一样的事后诸葛亮老崔天天教训我要绝对按照均线操作，不能见好就收。3 月 30 日，我再也沉不住气，在 95 对冲上见好就收，价差 650 点结束对冲。当时老崔那个恨啊，冲我吼啊，说我根本就是说一套做一套，说我每天日记写坚持规则，坚持到底，实际上从来都是半途而废，写那日记有啥用！说话那个难听啊，气得我跟他大吵。95 对冲解除，见好就收，庆幸收对了，否则我永远别想在老崔面前抬头。同理，我这次解除 95 对冲是见好就收了，当时是 650 点价差，现在是 290 点，将近 400 点的利润得到了，亏损避免了，你老胡怎么也没看见？反倒说我总是在坐过山车？”

老胡回信：“老李，你理解错了。我完全没有指责你的意思，你对鸡蛋期货的认识、理解远高于我，咱俩根本不在一个层次，所以在理论上我没有发言的资格，只能靠一知半解的所谓技术说几句话。你让我随时监督你，关键时提醒你一下，我可能语言表示重了，其实真是图形反映短期有调整可能，如果真的如此，高卖低补不是更好吗？当然又不符合你做长线的原则了，其实我也纠结，真不该乱说。抱歉！老崔可能是真指责，我只是建议，别归为一类。”

我也清醒点儿了：“老胡，对不起！我是被行情把心态整乱了。你发言没有问题。”

其实我还是觉得他的短线思维有问题，这是我俩常常争论的一个根本点。但我发火是不应该的。正确的思路是告诫自己期货风险令人恐惧，如果95价差已经否定了历史规律，那么季节规律会不会被否定？“火箭蛋”会不会被否定？

我的惴惴不安就在这里。如何操作恰当避免95价差这种完全悖逆历史的不幸持仓落在我头上，这才是大规则，是安全，是赚钱之大道。

我在吸取教训之后修改规则也是事后诸葛亮。实践出真知，“诸葛亮”也是如此。但是，我觉得应该总结的不是没有获得几十点利润，而应该是规则更符合季节周期，低高多少点大概率会暂停趋势而反向运动，高低多少点大概率会暂停趋势而反向运动，什么时候应该依据均线，什么时候应该左侧交易。

这些事情发生在我和老婆在贵州旅游期间。饭菜很好，我一路吃得太撑，肠胃不工作了。在安顺卧床两夜一日，汗浸衣衫，迷迷糊糊，虚弱不堪，连期货也想不完整了。

稍好点儿，想到的是应该更客观地对待期货。**期货如生病，客观对待之。**

啥都是客观的，啥都是必然的，能抗争就尽力抗争，抗争不了就努力适应，生病是，期货也是。09 合约涨跌内幕我们不知道，主力的意图我们不知道，无能为力，只能被动接受。我们所谓的抗争，就是依据均线或者依据一个能接受的幅度止损。

就在 09 合约看似岌岌可危的时候，我准备打开所有账户忍痛止损了，又一周开始，现货又涨，05 合约又涨，这次 09 不逆着它们而连续跌了，返身回升。我止损的最坏打算无须执行了，但是也不敢逢高减多，怕错过“火箭蛋”行情，宁肯让老胡心里再埋怨我坐过山车。

95 对冲套利规律被大资金消灭了，以后不能再做，但是“火箭蛋”规律还未被实践证明没了。只要“火箭蛋”规律还没被实践否定，那就必须坚持按照均线做多 09 合约。

现在的 09 合约还是多头排列，20 日线上行，期价在 30 日线上方第 9 天。

没到止损的时候，唯有坚持多单。第二天便到了止损的时候。

## 第九回 2018年4月24日，止损一半多单

2018年4月24日，所有鸡蛋期货合约都低开低走，09合约跌幅尤其大。我刚开盘时还矛盾，09均线向好，20日线上行，期价在30日线之上，所以应该坚定持多；但是群里和期评又都预见到09会跟随后市现货的回落而大概率回落，多头怕是顶不住，所以我又怕多单浮亏太多，又想早点儿止损。

根据过去的经验和期货的一般规律，止损应该设置大一点儿，因为小止损很容易发生，止损频繁，而大止损、宽止损不容易发生。但很多投机者不愿意宽止损，是因为害怕真的止损时亏损大了，几十点、上百点的价格范围，一个随机运动就到了，宽止损也未必保险。

宽止损不容易发生，但真止损时亏损大，这也是矛盾。

我要做不同于多数散户的投机者，那就应该选择宽止损，争取不止损，最后止损时金额大也认了。

如果按照均线，则小时线80均值第二根应该止损，现在是4000点。

五一现货反弹行情结束应该会跌，对09多头的压制不言而喻。

到上午10：00多形势已经明了，09合约跌破了4000，跌破了小时线80均值，形成破位第二根K线。

2015年5月8日，09跌破小时线80均值第二根平多出局正确。2016年4月1日，跌破小时线80均值第二根平多出局错误，4月5日还得追高做多。2017年5月4日，跌破小时线80均值第二根平多出局正确。如今

这段时间 09 一直很弱，现在 4 月 24 日跌破小时线第二根，出局是应该的，以免再犯 2017 年 8 月重仓死扛 01 空单的致命错误。

我征求忘年交哥们儿的意见。他说，昨天 09 合约探底大涨。如果是“火箭蛋”行情，则今天应该震荡蓄势或者继续涨，但今天直接低开低走，不是好图形，感觉出了是对的。

我也考虑到这些天现货大涨 05 合约大涨而 09 合约下跌，那么后面现货肯定会回落，09 不可能逆着反而上涨。但是“火箭蛋”又是必然的，这才 4 月现货已经从 3.03 元反弹到 3.87 元，即使五六月回落也不会回到春节后最低点，那么“火箭蛋”很轻松就能发射到 4.50 元到 5.00 元，09 跟随现货大涨到 4500 甚至 4700 都是必然的。下跌空间不敢多看，在 3800 到 3900 之间震荡耗时间，多头也未必不能坚持到“火箭蛋”发射，随时可能出现百点长阳，如果空仓届时追高又要煎熬一番。所以，不能将所有 09 多单一股脑儿出掉，还得保留一半。

主意定下，10：00 多，我止损了一半 09 多单，每手亏损 550 块钱。

# 第十回　09 合约多单轻仓死扛的条件

但是**留下一半 09 多单是不是有点主观呢**？

似乎是。

第一，止损第二天 05 合约大幅回升收红，而 09 合约继续下跌收绿，虽然只有 7 元钱，但是意义重大，提示所留的一半多单深幅入套的可能不是没有。

第二，09 合约跌破均线，后市下跌到底多少点谁知道呢？自己的判断终究是不可靠的，市场才是老大。那么，在跌破均线的时候全部出局才是最安全、最客观、最可靠的做法。

第三，过去股市、期货很多次操作最终赔钱或者踏空，大都是因思维里的“不会吧”。主观上认定一个结果，按照认定的结果操作，非常不好，2017 年 8 月 01 空单死扛即为最致命一例，还有 2017 年 4 月到 6 月踏空 09 下跌和“火箭蛋”上涨，少赚得令人扼腕。

可是过去的四年里，每年春夏 09 合约实际走势范围的确不能过分看空，4000 属于赚钱的点位，只要轻仓，往下即使跌到最低的 3400 也能等到辉煌，何况 2018 年现货春节后最低才 3.00 元，“火箭蛋”预期至少在 4.50 元，那么 09 再跌到 3400 根本不可能，现在的 3950 随时止跌回升。如此看，又的确应该留一半 09 多单。想起 2016 年五六月我在 4080 开的 09 多单，后跌到 3700，被套 300 多点，但扛住了，最终获利 150 点，是在 4230 附近止盈的，这个例子也是 09 跌有底的证明。

还是那个观点，听天由命吧。

老陈最烦我的听天由命论，说我应该听他的，应该按着他的论断走。

老陈是典型的事后诸葛亮，他事前总是告诫我期价发展不一定是我的预测，也可能是另外一种走势。这没错，谁能预先准确判断后市呢？但是最后，他一定是强调他符合实际的那一种预测并用来说事，说他早就指出了云云，来批判我、嘲笑我。例如，在 4 月末 95 价差缩减到 200 点时，他说的是：“我早就说了对冲结果达不到 700 点，你即使在 600 多点解除对冲，也是失败的。”他忘了他曾经对我说过：“你的 95 对冲套利的思路是对的。”

这不，09 合约下跌，他又开始贬损我了：“你的所谓‘现货到中秋节之前发射“火箭蛋”必然带动 09 涨到 4500’的推断是张冠李戴，后市 09 必破前期低点 3812，你的盈利目标别说翻倍了，连 30% 都难以达到，你操作 22 个账户根本就是‘德不配位’。”他说不想让我的错误思路影响他，让我不要再发每天的日记给他，说都是没用的短线预测，不科学，也不要再给别人发日记了，以免贻误别人。

岂有此理！我根据现货春节前价格和春节后最低价，根据历史上“火箭蛋”上涨幅度，预测现货 2018 年至少涨 50% 到 4.50 元甚至 5.00 元，由此看 09 合约到 4500 怎么就是张冠李戴了？前几天他还说我半仓 09 多单进可攻、退可守，如果 09 真涨到 4500 那就赚大了。坚守的仓位大赚，剩一半的空仓届时进场开多，点位更加可靠，也是大赚。现在他却彻底否定我的做法。再说 09 会不会破 3800 谁知道？我说不破我自己都不敢信，你说必破我就敢信？我的日记是阐述规则和市场走势的，告诫自己不犯错误，怎么就成了短线预测？怎么就不科学？

不发就不发，等着我给他看我的最终盈利结果吧，我才不信我依据鸡蛋的季节周期做大趋势的效益不会好呢。

老陈越想看我笑话，我越理解期货风险，我的期货盈利恰恰需要老陈的警告。

下午收盘，忘年交哥们儿又跟我惊叹95价差缩减到了169点，庆幸这次我们幸运，最大值时出货，老天眷顾我们啊。他知道我的压力很大，每次操作都会受到不同人的指责，问：“您的几个朋友，对最近行情咋看啊？”

我说：“老崔不吭声了，当初义愤填膺指责我解除对冲，还说即使是你同事的决定也是错的，后面等着700点来见吧。老陈是马后炮，说咱们解除对冲赚钱功劳全在他，并且对我现在的09合约操作表示鄙视，说09必破3817，我的一半多单将浮亏惨重，从而我也将丢人现眼。老陈还表示不想再看我的日记，对冲没到700点进入交割月即是我的失败、他的胜利。胜败已定，我的日记也没有指导意义，不要我再误人。老胡自从被我反怼后再无声音。”

他哈哈大笑，说：“那就别给他看您的日记了。您发给我，我每天都看，一天不看都觉得少点啥。”

知我者，非忘年交哥们儿莫属啊！

我俩摸索制定正确的鸡蛋期货规则并坚决执行，也该当我们赚钱。

## 第十一回　2018 年 5 月 2 日，09 合约大涨 100 点

这天出现了状况，期货 09 低开高走，逆北京现货大跌而涨。北京现货这天跌了 0.22 元，而 09 低开高走，一天在涨 20 点附近震荡，出乎我的意料。我早晨看到北京现货大跌曾再次生出懊悔，那天也许真的应该把所有 09 多单悉数出尽，即使只留下一半多单，但如果 09 继续下跌浮亏也是巨大啊，我难以承受。09 走强令我很是欣慰。

中午看到两条消息很惊人：一个是大洋路午间报告，说今天陆续到车 14 台，已发完 4 台，还剩 10 台没发完。在一上午只发了 1 台车这个报告惊人。因为早上 9：00 见过大洋路报告，说今天到车加剩车 14 台，已发完 3 台，还剩 11 台没发完，还在卸车中。现货鸡蛋卖出如此少，简直惊人。另一个是下午 1：00 多从农产品期货网看到消息，北京药监局发现两批有毒鸡蛋。立即想到，大洋路发货少是不是这个消息造成的？

有毒鸡蛋跟禽流感一样降低了鸡蛋消费，利空近月利多远月。所以 09 合约还有 01 合约今天上涨。但奇怪的是，05 合约先是绿盘后来却收红了，而且涨幅超过了 09 和 01。

说不清咋回事。但有个逻辑是肯定的，如果查禁有毒鸡蛋，必然利多 09 合约。

联想到另一个逻辑似乎也是肯定的，现货下跌利多 09 合约，因为现货下跌会阻碍鸡蛋进货，减轻后市鸡蛋供给，力撑未来蛋价。因此，北京大洋路才出货那么少。如果导致蛋价继续大跌，也没什么可怕的了。但前提

是北京现货不能跌破春节后最低点 3.03 元，如果跌破，则“火箭蛋”高度又得降低了，对 09 定位不利。

从这两方面来看，09 合约都无须担忧，现货价跌破 3.03 元的可能性应该为零，而且 09 现价 4000 上涨有空间，下跌无空间。

第二天，北京报价难产，直到 5：30 还没报现货价格，应该是昨天的惊人情况导致的。连报价网版主都谴责大洋路，说这么随心所欲整价格，大洋路还有多大影响力？他只想撇撇嘴。有网友跟帖说本来市场就冷酷无情，版主说无以复加。

最后没看到过去样式的统一报价，而是一家过去我不怎么关注的流通企业的报价：大洋路每件 162 元，每斤 3.64 元 。没跌啊，跟昨天持平啊，昨天的两个惊人情况都没产生影响。

快到 6：00，过去样式的北京统一报价终于出来了，果然没跌。

昨天剩那么多车竟然不跌，说明了啥？说明现货大佬们能维持住现货价格，2018 年的现货价格可能继续强势。也说明毒鸡蛋的消息不是出自官方新闻，所以对市场没什么摧毁力。但是忘年交哥们儿说，毒鸡蛋的消息前几天就知道了，利空影响已经过去了。

现货蛋价强劲，无疑有利于我的 09 多单。但是立即有其他报价出来：北京 152 元每件，平均每斤 3.41 元，到车 18 台。

我疑惑：两个报价，一斤差 0.23 元，可不是小数字。哪个准啊？鸡蛋期货群转报价信息的群友说：“到 18 车不跌不正常。”

我的心一沉。

北京现货报价的难产和混乱，无碍期货走强，在 05 合约进入交割月最后一天多头逼仓散空逃命期价大涨带动下，09 合约也走强，这天开盘不久便涨过了昨天高点 3992。

甚欣慰，09 合约跌不下的概率还是大，一半 09 多单还是应该保留。马上又遇到了另一个问题，刚刚止损，又要进场。

忘年交哥们儿问：“李老师，如果上穿 20 日线，您买吗？”

20 日线在 3998。

“买，客观对待。先看小时线，上穿最上面的均线买，4030；尾市上穿 20 日线，买。”“好的。”我俩话音未落，09 已经上穿了 20 日线，达到了 4020。是 05 合约带的，05 今天是交割月前最后一天，主力多头逼着散户空头平仓，价格突飞猛进，已经到 3900，超出现货价格几乎 300 点，太不合理了啊。

但是 05 合约已经是末日轮，很疯狂：震荡，减仓，突涨突跌。到 10：00，09 合约增仓上涨幅度最大，比 05 多了 20 点。到尾市，05 已经狂跌 200 点，跌幅 5%，而 09 还是红彤彤。09 已是当之无愧的主力，今天是最后一天 05 表演，以后就是 09 的天下了。

下午 2：00，09 合约没有上穿小时线最上面的那条均线 4030，也估计不会形成日线的上穿 20 日线，它是冲高回落，增仓又缩仓，短线客的行情，而不是一根长阳的转势。

重新进场追高加多的窘况没有出现，警报解除，我也就没有打开任何一个账户。但是今天大幅冲高，为 09 奠定了基调，深幅下跌不可能了，后市随时可能开始“火箭蛋”。

五一节前几天现货跌不下，09 合约跌不下甚至强烈反弹，增添了我的自信心。我现在对老崔、老陈、老胡的指责一概不服，与鸡蛋期货群不按照季节周期做鸡蛋大势的群友们也不敢苟同，对网上的期货帖子更是不屑，之所以如此，是觉得自己破解了**鸡蛋期货的密码**。

把握住现货的趋势、幅度及位置，就把握了鸡蛋期货的根本。现货的要诀在于三点：一是春节后跌幅是春节前高点的 30%，所谓春节一过立马跌1块，所谓3月中旬基本就是年度最低，就在于此；二是不管四至六月现货如何震荡，到“火箭蛋”发射必然有比春节后最低点至少高50%的高度，多的话翻倍都可能，如2017年；三是“火箭蛋”之后必然下跌至少10%。

由此，就抓住了鸡蛋期货涨跌和幅度的秘诀。

过去，直到2017年，我还没有掌握这个秘诀，例如，春节后现货看跌没有底线，以为跌30%后还能跌。又如，“火箭蛋”幅度，认为仅仅是50%，没想到2017年现货涨了一倍多，远远超出了50%。

密码只管季节周期大趋势，大的机会能抓住，不能保证任何一次进场出场都是正确的，这些进出场既有规则限制，也有很强的随机性。

例如，五一前后的09合约走势。节前冲高回落，五一小长假现货北京稳住，并在**5月2日开市这天回涨。09多头借势猛冲，增仓大涨2%，涨了几乎100点，收复了所有失地，**重新构成多头排列。

我节前庆幸没有追高加多，现在成了强烈的焦虑，一半资金踏空了。同时也留有一份庆幸，那一半多单幸亏没跑，否则更加懊悔。

真应了当时两手准备的思路：留一半多单，就怕一根长阳划空而出令人受尽煎熬。

上周09合约探底回升，老崔说：“你前期说得对。如果以3900为止损位，则这次就无须止损了。”

是的，我4月24日止损在3998，亏了50点，如果以3900为止损位，则没有达到，无须止损。这便是宽止损的好处，也许能扛过去，既没有实亏，也不会遇到大涨时有踏空的煎熬。

可是，过去的经验却是按照均线止损，实亏会小些，而按照前期低点止损，常常真的会造成更大亏损，期价一个随机波动就到了。

期货难有两全事，由此可见一斑。

5 月 2 日涨过均线必须加多，这个我想到了，也做好了准备，还跟几个哥们儿说了：“条件满足了只能硬着头皮往前冲。”但是这么大涨，我开始嘀咕了。

忘年交哥们儿问我：“下午尾盘站稳 20 日线，就买入？”我退缩了：“涨太多，等等吧。”

前几天刚刚吃过亏。4 月 9 日那天大涨 3%，我下午 2：00 追高买多，结果当天入套，第二天套得更深。这次就别追高了，等后市调整时再逢低加多吧。

09 合约中午冲到了 4093，下午可能回落到 4050 一带吧？我下午打开账户在那里等它。

打开了所有账户，09 却不回落，反倒冲过了 4100，一直到尾市。只好放弃了加仓。

这里也有必然性和随机性，09“火箭蛋”是必然性，但是哪天一根长阳确立中级涨势是随机性。这个难以把握。

必然性和随机性，是期货的根本特性，所有的困扰、所有的苦果、所有的辉煌都在这里。从这个角度讲，09 合约的回调应该是必然性。现货不可能总涨，现在不是发射“火箭蛋”的时候，等着 09 调整就是。

说到必然性和随机性，想起五一节前的一个鸡蛋期评。

在 09 合约跌到 3950 时，有期评说 09 能反弹到 4015 一带，多单可以坚定持有。我正恐惧 09 继续下跌，有些懊悔没有将 09 多单全部在 4000 点止损，看到这样的期评自然有些欣然，如是，我留一半多单就没有什么恐惧的了，因为 09 如果能回升到 4015 一带，便是重新回到了上涨形态，日线和小时线都重新转入多头排列了。后来，就是五一节前最后一个交易日，09 果然涨到了最高 4020。我自然是多单不动的，我是长线单子等“火箭蛋”呢。收市后看期评，那个期评说，今天我们的 09 多单如期在

4015 点出局，下一步，是等着 09 回落再说。当时我就想，这位期评作者怎么能预测那么准？多单就敢留着不怕深套？就能正好在反弹到 4015 时出局？他是庄家主力有内幕消息，还是蒙的？他说等 09 回落时再说，如果 09 大涨怎么办？他难道就不会踏空？这些疑惑五一节后第一个交易日得到了解答，他就是蒙的。他蒙对了那天的随机性波动，却没有蒙对今天的随机性波动。

现货上涨也有必然性和随机性，季节周期涨跌是必然性，而哪天开始涨跌是随机性。青岛、上海、北京三大标杆性都市各自蛋价每天的涨跌也是随机性。

例如，5 月 3 日，青岛稳定，上海稳定，而北京就是连着涨，涨到了每斤 3.77 元，比青岛高 10%，高 3 角；比上海高 7%，高 2 角多。问题是，09 合约昨天大涨，今天是跟着北京继续涨，还是跟着青岛、上海不涨了？

现货大佬们现在分化严重，都想对期货施加影响力。这就是市场的力量吧？谁也垄断不了，即使有的期现大佬相互勾结，也属于整体市场的多空博弈，不敢说谁输谁赢。

我的心情不好，为昨天的踏空，一半资金的踏空。

老崔来话了："往年'火箭蛋'是不是都是一去不回头？"

这是不是要火上浇油啊？明显是对我所谓昨天不敢追高加多、声言后市回落再进场的质疑。我一下子有一种想吼叫的冲动。"7 月是一去不回头。"2015 年 7 月是一去不回头，2016 年 3 月是一去不回头，2017 年 6 月是一去不回头。现在是 5 月，多半不会一去不回头。

老崔："长阳后可能是盘整，跌下来可能性不大吧？"

我："深幅回调的可能性很大。"

老崔：“你的判断现在没有大问题，只是执行力不够。若按你开始想的去做，就不会有这次追高操作的为难了！”

“你说得不对。按照小时线的 80 均值操作是对的，真等到 3900 再操作可能是真的大亏损，这在历史上屡见不鲜。执行力不够？对冲解除的执行力够不够？”

一下子戳到了点子上，老崔不吭声了。660 点价差我解除对冲，他骂了我个狗血淋头，最后价差是不到 200 点。我听他的？

我既觉得不安，又觉得应该。我觉得不安是我刺痛了他，不够谦虚；觉得应该是做期货绝大多数散户都是赔钱的，老崔也不过是一个散户，即使有时候说得对，但是多数时候他的见解是散户见解，他自己都说他不可能在期货里赚钱。我替他操作才能赚钱，他自己操作就是死路一条，我得让他认清这一点。没想到十几分钟后他来了一句：“你是属鸭子的，无论什么时候嘴都是硬的！”

期货里没有志同道合，从来不会有互相服气的时候。此又为一例。

一半资金踏空 09 合约多头趋势，不是小事，直接关乎我的盈利计划能不能实现，如果仓位小，那么盈利将缩减太多。又不敢追高 09，只敢低埋多单在 4090 等着，而且是一半仓位的一半。想着等成交之后，再逢低在 4050 一带埋伏，逐渐加够多单。

没成交，多头力量挺强。明天继续低埋。

现在是 5 月初，现货一般到七八月才能发射“火箭蛋”，期货 09 现价 4100 不算低，也不会现在就大涨。主力多头昨天拉起一根巨阳肯定会竭力维持期价，会在 4100 上下震荡，以期消磨时间等待“火箭蛋”发射时机，这就会有逢低加多的机会。

第二天就成交了，低埋 4090 成交。不可能卖在最高、买在最低，买了就套了几个点，不怕，长线。前天那根百点长阳大 K 线，确立了“火箭蛋”的基础，现货坚挺，时间距最迟启动的7月越来越近，后市不可能深跌。如果主力洗盘，那么到4050还加，仓位还不到上次止损前的数量，还有资金可用。

这次实践对比以前急慌慌当天追高加多有所进步。4月9日那天追高100点加多，第二天便回调。如果第二天回调时加多，可以减少成本50元，持仓心态会好点儿，止损出局时也减少实亏。其实，过去一根长阳或者长阴确立转势，后面几天都会有更合适的进场机会，不必非要第一天进场。如果一点儿仓位都没有是可以第一天进的，如果有仓位就可以再等等。

不过世上没有万全策，只要大方向对了，成本高点儿低点儿就不算大问题。

# 第十二回　鸡蛋期货知己者太少了

我觉得自己是中国期货界散户做鸡蛋的佼佼者，除了我的忘年交哥们儿，其他人都不入我的法眼。没想到网络里有个散户“高人”叫“迷你小散”，跟我几乎一样，不，比我高。

下面是网站的采访。

问：你的盈利主要由鸡蛋构成？

迷你小散：主要交易鸡蛋。

问：你采用基本面指导交易，不参考技术面吗？

迷你小散：主要参考现货价格和趋势、走货量、存栏数据、补栏数据、淘汰鸡价格和大小蛋价差，很少参考技术面。

问：这些信息能使您分析出多长一段时间的走势呢？

迷你小散：差不多三五个月的走势。

问：您只交易主力合约吗？

迷你小散：只交易主要合约 01、05、09 三个。非主力合约持仓太小，价格跳动太大，不好做。

问：鸡蛋期货运行框架会受到大资金影响吗？

迷你小散：大资金也是顺着鸡蛋的季节规律做的，所以鸡蛋期货运行框架不受大资金影响。

问：您通常持仓多长时间？

迷你小散：一个周期方向做下来，一般三五个月，中间会做些滚动。

问：从我们的统计看，您的交易频率是比较低的。在没有行情的季节，您基本空仓吧？

迷你小散：是的。一般都有持仓，空仓时间很少。

问：请您给我们讲一下鸡蛋的季节性规律吧？

迷你小散：鸡蛋现货全年最高价一般在夏天，中秋节前几天触顶，随后回落。春节前有小反弹，春节后大跌。低点一般出现在每年的三四月和十、十一月，高点出现在最热的夏天，次高点出现在春节前。

问：您的这种基本面分析法能用到其他农产品吗？

迷你小散：其他品种没有鸡蛋的季节性规律。

问：鸡蛋的季节性规律是因为鸡蛋不易储存吗？

迷你小散：一部分原因是这个，但最重要的是供需变化，三四月和十、十一月需求少而气温有利于产蛋。

问：那么，鸡蛋的市场资金容量应该不是很大。您资金量如果大的话，会受到制约吧？

迷你小散：交易所规定一个账户最多只能持仓300手，交割月前最后一个月还有很严格的限仓，所以大资金受限制。小散本身资金少，没什么感觉。

心有灵犀啊！

第一，鸡蛋的基本面决定操作。确定的季节涨跌周期决定买卖方向：春节前后空05，春夏之际多09，中秋节前空01。

第二，长线持仓。不为短线波动所动，不为震荡焦虑，不看账户增减，利润增减甚至变成浮亏都无所谓，单等三五个月后见最终效益。

第三，只做大合约，不做小合约。不光是持仓小不易进出，而且小合约价格趋势没有规律性，主力任性，散户难以把握。2017 年 3 月，改革交割制度，小合约持仓也增大到两三万手，小散进出容量足够，但是价格仍旧是难以把握。例如，2018 年 5 月 2 日，鸡蛋期货大涨，07 合约跟随 05 大涨 4%，09 只涨了 3%，但是两天后，07 回落几乎将那根长阳吞没，而 09 还是在长阳上方，主力合约显然更加可信，原因是 7 月谁知道现货价格是比 5 月高还是低呢？而 9 月可以肯定现货价格远远高于 5 月价格。（补记：到 6 月 29 日，07 合约最低到 3312，比 5 月 2 日最高点跌了 500 点；而 09 合约是 4236，比 5 月 2 日最高点还高出 100 点。而且这天，交割月前最后一天，07 收盘比昨天涨了 90 点，而 09 只涨了 48 点，07 收在 3477，比这天最低点高出 170 点，振幅如此之大，散户谁受得了啊。）

# 第十三回　2018年还有“火箭蛋”吗

鸡蛋期货有知己，大的规则互相验证着没有错，但是具体的问题还是挺多。

这个周六，现货开始回落，北京大幅跌了0.11元，跌到了3.66元；青岛昨夜报价稳但今天白天实际是跌。北京大洋路到货16车只发出6车，剩下10车，这个走货比例是继续跌价的标志。

周日北京再跌0.11元，这次跟上次不一样：到货车多、发出车少、剩余车多，第二天价格就下来了，上次却硬撑着价格不下来。

周一09合约下行的可能性极大。刚刚加了多单，虽然是逢低加的，也是郁闷。

忘年交哥们儿问我：“这次如何止损呢？”

我也难办，如实相告：“前一次以均线为准止错了，这次不妨以3900甚至3800为准。”前天，老崔跟我说了这个意思，说如果我有执行力，那么就既不会止损也不会发生高位再追。我不接受，还反唇相讥。现在看，他的抱怨是有道理的，因为符合宽止损原则，我不得不检讨自己。现在我们仓位的2/3是铁心死扛的，只有周五加的1/3涉及止损，不算太重，倒是可以试试扛到3900，甚至3800。

话是这么说，但实际上如果这么执行，我必然忐忑不安。

还抱有幻想，希望多头主力周一逆现货而行，逆大家的思维而行：都想着跌呢，却就要大涨。这种出乎预料的举动不少，鸡蛋主力经常使用。

周日，**鸡蛋期货群发生了一场辩论：是不是还有“火箭蛋”**？

有群友着急：“现货又跌，还有没有‘火箭蛋’啊？等不及了。”

有群友安慰他：“‘火箭蛋’还早。再等一到两个月，五六月是现货价格最低的。”有的群友说：“跌了更好，‘火箭蛋’是必然。”

想不到，有的群友竟然讽刺、挖苦：“好像剧本是自己写的一样，还最低？还必然？今年保不齐一路落到 11 月底，谁知道呢？”有个群友附和：“猪肉价上不来，鸡蛋就上不来。”前面的群友立马握手，说：“不是英雄，但所见略同啊。高价蛋市场接受度低，其他品种替代因素多，目前猪肉价格在近几年的历史低位，在可预见的未来会延续到 2019 年。”

这个观点我没料到。我作为群主，天天讲鸡蛋的季节规律，这都是鸡蛋期货的 ABC，本群群友们即使不按照我说的做，但也应该不会对季节规律有异议。这次没想到群里竟然有否定季节规律的。不过，是新人，由老群友前几天拉进来的，想必也是本群有好口碑。

我还得宣传我的认知，尤其是对新群友。既然我是群主，既然我觉得自己的鸡蛋期货观点最为正确，自认为是散户里做鸡蛋期货出类拔萃的，那就应该为他们指点迷津：“第一是鸡蛋现货本身的规律性；第二是期货追随现货到交割月。没了这两个规律，鸡蛋期货就不能做了。”不敢说太多，点到为止，以免人家有不满。

但是有高手群友，也是养鸡的，出来说话了：“2017 年鸡蛋 1.70 元一斤，猪肉 12.00 元一斤；今年鸡蛋 3.50 元一斤，猪肉 7.00 元一斤。所以，这两者确定的比价关系基本上没有。2017 年养猪的赚傻了，2017 年上半年养鸡的亏傻了。”有相同观点的群友接着说：“市场因素都反映到盘面了，今年鸡蛋价格不低。”

我看不同看法出来交锋了，便觉得有必要详细阐述我的认知了：“鸡蛋的季节周期性，从 2017 年 8 月开始就让人有所怀疑是不是还存在，实践证明，01 合约 8 月的季节下跌还存在。后来，05 合约的春节前后季节性下跌还存在。现在，09 合约的季节性上涨存在不存在，尚属未知。这里有客观的、必然的逻辑性：一是现货的季节涨跌周期是客观存在的；二是期货到交割月必然追随现货价格。有这两个决定性因素，则鸡蛋期货的季节性涨跌也就不用担心了。”

我干脆把这几天的思索也和盘托出：“与此形成反差的，是 95 合约对冲套利的必然性。我原来以为也是客观的、必然的，因为前四年每年都是可以对冲套利的，最终在 4 月 95 价差会扩张到至少 700 点，已经是鸡蛋期货上市以来的客观现象。但是在早两年就有哥们儿批判我，说这个 95 对冲套利不具有必然性，在 4 月份的时候 95 价差不必然扩张到 700 点，因为 4 月份时 05 追随交割月现货价格了，而 09 还不到交割月，便不必然涨到 9 月份的预期价格，主力资金完全可能操纵两个合约的价格令其没那么大的价差。我对哥们儿的批判不屑，因为他的逻辑不符合市场这四年的实际走势。但是今年，主力教训了我，市场教训了我，95 价差在 4 月份竟然是逐渐缩小，从 600 多点缩减到 100 多点，令我瞠目结舌。想起咱们鸡蛋期货群里也有高手在 2018 年春季指出 95 价差甚至可能走平，这话当时也属惊人之语了，但实践证明他对了。实践证明，95 对冲套利不具有必然性，不属于规律性，可能价差扩张，也可能价差不扩张。我由此联想到‘火箭蛋’是不是也这样不具有必然性？但从鸡蛋本身思维的逻辑讲，‘火箭蛋’不会成为 95 对冲，一是现货到八九月份肯定是价格最高，因为届时天气炎热产蛋量小而需求名义上集中，造成了供求失衡，所以‘火箭蛋’是必然的；二是现货决定了期货，09 合约到交割月会追随现货而去，所以‘火箭蛋’逻辑上是必然的。这跟 95 对冲套利逻辑上的不必然形成了对照。那么剩下的，就是市场了，就是主力了，看看主力是不是有资金实力、有蛮性的决心硬是压制 09 不涨，看看主力是不是能改了‘火箭蛋’规律。”

# 第十四回　鸡蛋期货确定性与随机性的辩论

5 月 14 日，周一早晨，北京报价现货又跌。

期货 09 合约何去何从？

果然，主力再次出其不意，悖逆现货的大跌，悖逆大家的预料，低开高走，增仓上涨。

这就不仅是随机性问题了，而且是必然性问题，“火箭蛋”的必然性，短线可能追随现货的下跌而回落，但最迟一个半月之内必然向上。

最重要的是，多头算是发出了宣告：即使现货大幅回落，我也要做多。同时，也是空头承认了决心不足：即使现货大幅回落，我也没能压住 09 价格。

上周五收盘持仓，最大空头是招金期货，09 合约增空 800 手共计持空 5000 手，比别的空头多得多。比多头老大多得多。从逻辑上讲，周末现货连跌，如果招金期货有决心，一定会借势打压 09；从开盘看，也的确想打压 09，集合竞价大成交量低开 27 点。但是多头力量更强，很快拉起来，并一天强势，这凶狠的多头群狼咬住了招金期货空头大鳄，不会松口了。

但是鸡蛋期货群里有群友持相反看法，他说：“招金期货不好惹，很有可能吊打多头。”

到底谁吊打谁还得看实践，事前谁说啥也靠不住。不过，大的季节周期是“火箭蛋”，是上涨，我等着这个就行了。

做鸡蛋期货必须长线持仓，不能害怕随机性，不能被随机性迷惑神经，要踏踏实实等着必然性，坐等主力抬轿子。

主力抬轿子不总是平平稳稳向上的，经常是颠上颠下，没有坚定的持仓信念就会被颠出去。

这不，昨天大涨今天就回落了，昨天增仓 8000 手，今天两个小时就减仓 5000 手，多头逃跑。

季节周期是“火箭蛋”大涨的方向，昨天是多头进场，今天就变了？

主力的心思我看不懂。或者只能理解成是洗盘，主力洗盘，免得坐轿子的太多，多颠出来几个才好。

被颠出来的恶果，就是前几天 09 合约突然大涨，踏空，没办法还得高位追进去，比止损点位高出了 100 点。

主力抬轿子出其不意。第三天，随机性再显妖邪，现货没涨。昨天，持仓和 K 线也不是上涨的样子，平开之后却增巨仓上冲，一举突破前期高点 4140。我当时在医院做长期居住加拿大的体检，见此甚为兴奋，没想到 10：00 结束体检回到家，11：00 打开电脑一看，却已经大幅回落，探底最低到 4070，真让人惊愕。面对如此随机性困局，不动是最好的操作。

现在像极了 2016 年五六月份，不到“火箭蛋”的时候，冲高有卖空的压盘，多头空头都是短线获利即刻出局。这不是我这种中长线持仓者能把握的，我做不到高抛低吸，整不好就成了踏空，因为我根本不知道是涨起来不跌了，还是震荡着到 7 月。

而 2016 年五六月份的经验，则是持多不动最好，不管是获利还是被套都不动，最迟等到 7 月“火箭蛋”一次性目标利润收获出局。这是鸡蛋期货赚钱的确定性。

期货难做，散户赔钱，就是因为做不到不动，总想抓住短线的机会，就如老胡指责我的：能不能不要总坐过山车？

企图避免坐过山车的，最后就是赔钱。这是散户在期货里的必然逻辑。

坐过山车就是坐轿子，千万抓住扶手，任凭主力颠覆，也不能被甩出去。

我这边被随机性困扰，那边**鸡蛋期货群里却开始了一场随机性和确定性的辩论**。

有群友感慨：“鸡蛋今天坐电梯，来回干。”

我也感慨：“随机性、必然性，做期货讲究的就是这两点。”

另有群友不同意：“期货的本质就在于不确定性，有必然性期货市场就崩溃了。”

我解释：“鸡蛋不一样，鸡蛋期货有必然性，每年三个小周期就是必然性，只不过不确定的是行情启动时间。这个必然性，也是大连商交所设立鸡蛋期货的根据。”

那群友还是不同意：“只要是期货就没有必然性。一定是 95% 的人亏；如果是 95% 的人赚，期货市场就自己崩溃了。”

我说：“鸡蛋期货有每年三个小周期，这是必然性。但是绝大多数散户不做这种必然性。一是短线思维，不肯持仓几个月等最后趋势来到。二是认为走势不符合自己的判断和意愿而不参与。三是仓位过重，在震荡阶段受到压力不得不止损。例如，我 2017 年 8 月做空 01 没有低位止损空单而在高位止损空单。四是做短线，高抛低吸，有可能入套，也有可能止损。”

还有一位群友也不同意我的观点，说：“交易的属性就是或然性。”

我拿不准或然性是单指随机性还是指随机性和确定性兼而有之，赶紧查，或然性就是概率大小不同。我便说：“或然性就是概率不确定，可能大，可能小。我所谓的随机性就是概率是 50%，我所谓的鸡蛋期货确定性说的就是百分之百的概率，鸡蛋的季节性涨跌周期就是百分之百。这就是鸡蛋期货散户容易做的根源。”

几个群友不说话了。但是另有一位群友打出一个抱拳表情：学习了。

那位每天给大家报价的群友刚刚报出今天中午北京大洋路到货和发货情况，我说："谢谢你。"他说："李教授，不要客气。你的心得也是无私分享给大家的。"

我赶紧说："谢谢鼓励我。兼听则明，大家互相启迪，共同赚钱。但是根本在于，实践是检验真理的唯一标准，看实践吧。如果实践否定了鸡蛋的季节周期，就如否定了95对冲的所谓'必然性'一样，那我也就没法做鸡蛋期货了。"

但期货散户谁也不服谁是确定的，那几个群友又有话说："季节确定性跟行情交易的确定性是两回事。"

我说："主观服从客观，才能从期货赚钱。如果我们做行情交易不能符合季节涨跌周期的确定性，那就说明我们的交易操作是不科学的，是应该改进的。"

鸡蛋期货里所谓的"客观"，就是鸡蛋的历史规律、历史数据。

现在期货09合约涨不起，一直在4100晃荡，不免令我焦虑，既不可能平多走人，也不敢逢低加满多单，还有总仓位的1/4要加。关键是对现货后市如何演化有所担忧，怕现货再大幅下跌。

再次查阅过去十几年现货走势，一根一根曲线数着来，结论还是那样：大部分年份，中秋节蛋价高于春节前，十有八九。按照大概率算，2018年中秋节现货蛋价应该涨到至少4.70元，因为春节前现货蛋价是4.70元，那么，09合约的最终交割价应该至少在4700。2018年中秋节在9月下旬，24日，那么09进入交割月应该不低于4700，如果加上交割费用一般计算方法，则09应该能到5000。

现在是4100，有较大上涨空间。所以，现在的震荡不可怕，坚持就是胜利。

# 第十五回　2018 年 5 月 15 日，决心死扛

都知道坚持就是胜利，但坚持不易啊。

5 月 14 日，09 合约低位震荡，尾市增仓 4000 手大涨，看小时线日线，都是大阳喷薄欲出之态。

第二天却不是。5 月 15 日，09 合约**高开低走**，大幅下跌大幅减仓，比昨天增加的仓位还多呢，昨天追高进场的今天落荒而逃。所以，让人再次惊醒：短线走势不靠谱。

长线才靠谱，“火箭蛋”必来，长线持多是正确的。

也让人困惑：09 这种现象不是一两次了，有好几次了。上午增仓大涨中午减仓大跌，第一天增仓上涨第二天减仓下跌，是不是主力的一个套路？故意制造突破假象，诱多？

其实也谈不上诱多，现在这个位置，4100；现在这个时间，五月份；现在这个震荡幅度，才三五十点。这都可以看成“火箭蛋”准备发射时期主力的有意安排，最终“火箭蛋”是要发射的，做多大趋势是对的，也许主力多头并不想现在就进攻，但是又不能任凭下跌，所以就搞震荡，反复洗盘，所以散户又不能短线追高。

越来越像 2016 年，五六月份震荡，最后在 6 月末 7 月初猛涨几天。

这时，老陈来话了。他前一阵不让我再给他发日记，我也就停止了跟他的联系，连 5 月 4 日增仓 09 多单也没告诉他，免得讨没趣。

他这次问我09多单止损问题，说着说着又来了很多指责我的话，还有预测，预测没有反映鸡蛋的季节规律，我觉得没什么意义。他的一句话还是刺痛了我："你还是没搞懂吧。再劝你一句，不懂时不要劝他人听你的。"

我不服气在于，我做鸡蛋是赚钱的。我2017年死扛01空单是错的，也赔了大钱，但是今年改正错误，按照正确的历史数据操作毕竟又赚了回来。既然我能做鸡蛋赚钱，我为什么就不能劝别人听我的？

我以老张的账户反击老陈。元旦前设立账户，元旦后开始入金操作，对冲12手，赚到3万元，然后留有一半09多单，又增值到13.5万元。但是没用，他即使承认我赚到了，也还是认为如果我听他的能赚到更多。

可是问题在于，他的预测能用来操作吗？根本不行。别说是他的，就是我自己的预测我也不敢完全按照预测来啊，跟预测不一样的时候我都要止损一部分的。

我反驳他："你说09合约会再次回探3800，可是并没有，而是回探到3950便返身涨到了4150。我如果听你的多单全部出局，那么我现在踏空'火箭蛋'，该是多么难受啊。"

老陈却另有说辞："总之，你今年的'火箭蛋'良好开局是我指点的，你多09的加仓法也是我教的，如果再学会我的止盈法你就更不得了了。"

是，是。哈哈哈。

我就不信我能赚钱的方法劝别人学有什么不对，老陈话语的另一种理解不就是承认我的方法能赚钱吗？

我不信的别人不一定就不信，而我信的不一定别人就信。

鸡蛋期货群里有高手说："09合约合理价位在3700左右。"

这个厉害，09合约现在是4100，往下400点才合理？我还指望涨到4500呢。如果3700合理，那么我将亏损400点。

我问：“09 合理价位，是指什么时候的合理价位？是‘火箭蛋’预期价位还是现在的价位？如果是‘火箭蛋’时期的合理价位，那么现货得跌到 2.50 元，才有‘火箭蛋’涨到 3.70 元。现货现在是 3.60 元，跌到 2.50 元可能吗？”

他说：“五六月份蛋鸡存栏最少，7 月份存栏开始增加，九十月份存栏达到高峰期。”

我说：“存栏再怎么增加，也抵消不了季节周期的‘火箭蛋’规律。”

他说：“今年没有‘火箭蛋’。”

啊?!

**“火箭蛋”能否定吗?**

我说：“你这个判断大胆。我是坚信‘火箭蛋’的。”

他说：“我看空，只要涨我就加空，目前持仓 35%，今天尾盘又加了一点。”

我说：“现在做空我不敢说不对，短线涨跌都是难以预料的。但是‘火箭蛋’，我觉得否定不了。”

他说：“让时间证明吧。”

对，实践是检验真理的唯一标准。

实践检验的结果，却是人家判断得准确。就在争辩的第二天，**2018 年 5 月 15 日，09 合约大幅下跌**，现货稳定，09 图形也好端端的。

我不敢逢低加多了，恐惧！但是也不敢止损出局，前 9 个交易日那个冲天大阳记忆犹新，我只能死守了，09 多单不动。

但是从根儿上说，这种短线随机性并不能摧毁我的“火箭蛋”信念，我坚信现在的下跌属于震荡，09 合约现价才 4030，现货现在还 3.60 元呢，“火箭蛋”终将发射，现货涨到至少 4.50 元，而 09 涨到至少 4500。

我难受，老陈就开心。他又开始教育我，嘲笑我了，指责我没有高抛低吸，不懂相机行事，咎由自取，一夜归零。

我无话可说，只能说："等吧。我没有招儿，只能是等待。"

的确如此，"等"是我习惯的策略。2016 年五六月份多 09 被套 300 点是等，等来了获利 150 点；两年来 12 月空 05 之后也是等，等来了利润；今年对冲更是等，被套 300 点，大仓位，每 10 万元资金浮亏将近 2 万元，也充满信心地等。庆幸的是，对冲规律今年被打破，我见好就收，获利也还不错。

他又说了很多，但在我看来全是马后炮。我事前迷茫，深信无人能神算。

我只好继续说："等吧，无奈。"我连说了好几次等，回答他写的很多字。

最后，他也不说别的了，反倒说："是只能等。我的港股昨日涨了 8%，也是经过了几个月的横盘和下跌才又转升的，我也被套着等。这里有规律，懂的人有耐心，能坚守。不懂的人会觉得必然少赚多赔。"

他甚至说："我计划学你。赚上百万元，我要去一趟乌克兰和俄罗斯，寻找梦境。"

但我很高兴，他在心里其实是赞成我的规则和操作的："行，等我这波'火箭蛋'做成功了，鸡蛋期货就基本定型了。你也这么做，一年翻倍，很快的。"

他回："祝顺。"

# 第十六回　2018 年 5 月 18 日重回涨势，规律保佑了我

的确有点儿顺利，就在 09 合约大跌之后的第三天，2018 **年** 5 **月** 18 **日**，09 **又大涨**，最多时涨 130 点，增仓 1 万多手。

而且，是在现货连续两天大跌下涨的，尤其是周五 5 月 18 日，现货报价北京大跌，跌到 3.32 元。就在这天，09 低开一点儿便走高。

真没想到，我这几天不厌其烦地写给大家的，就地卧倒无奈等待的策略竟然这么快就应验了。

5 月 16 日，大跌后的第一天，我写道：“坚持 09 多单。昨天 09 空头发威，大跌 80 点。这个是有准备的，所以多单才不敢再加，就怕这种大幅下跌，仓位太重极端危险。但是也不怕下跌，接受既成事实，因为我坚信‘火箭蛋’。第一是现货价格，现在是 3.60 元，春节后最低价是 3.03 元，历史上，十几年里只有一两年是四五月份反弹之后重回到春节后最低价，大概率是高出的。2018 年看样子是要高出的，因为现在现货价比春节后最低价已经涨出 15%。现货还有一点是历史规律，即‘火箭蛋’高度和春节前最高价至少是持平的，那就是 4.70 元，即‘火箭蛋’至少比春节后最低价涨出 50%。春节后最低价 3.03 元，涨出 50% 就到了 4.50 元。现货有这个预期，就不可怕了。第二是期货 09 最终是要追随现货价格而去的，如果现货涨到 4.50 元以上，那么 09 合约七八月份合理价格不会低于 4500。第三是这四年期货 09 的 5 月份走势：第一年是 5 月份连续上涨；第二年是 5 月份连续下跌，跌了 300 点，但是 4300 比现在高得多；第三、第四年则是 5 月 15 日回落的，基本就是底部了。现在是 5 月 15 日大跌，09 价位才

4030，不高，见底的概率大。”

5 月 17 日，大跌后的第二天，我写道：“‘火箭蛋’能否定吗？我跟鸡蛋期货群里一位高手产生了分歧，他否定今年的‘火箭蛋’，我相信每年都有‘火箭蛋’，相约让实践检验。我们争辩后的第二天 09 合约就大跌，人家胜了，但是从根儿上说，这种短线随机性并不能摧毁我的‘火箭蛋’信念。我坚信现在的下跌属于震荡，09 现价才 4000，现货现在还 3.60 元呢，‘火箭蛋’终将发射，现货涨到至少 4.50 元，而 09 涨到至少 4500。我认为，如果‘火箭蛋’没了，那么鸡蛋期货就没法做了，一切都成了不确定。”

5 月 18 日，大跌后的第三天，我写道：“中秋节现货价格大概率高于 4.70 元。从 2000 年到 2017 年，17 年里，现货蛋价中秋节高点只有两年不高于春节前最高价，其中一年是 2016 年，比春节前最高价低了 0.1 元。还有一年是 2005 年，也是只低了一点儿，几乎持平。所以，今年中秋节现货蛋价大概率是高于春节前最高价 4.70 元。即使小概率，也接近 4.70 元。对应地，期货 09 合约即使不考虑交割费用升水 300 点，即使平水，至少也会涨到 4500。现在 09 是 4000，向下空间小而上涨空间大。现在需要做的，就是坚定信念，拿住多单，等待‘火箭蛋’行情来到，跟 2016 年一样，那次，我们第一次不得不克服恐惧坚守多单不怕被套，而我们最终从‘火箭蛋’上赚了钱，从此走上按照计划行事的期货赚钱之路。如果按照均线操作，则是频繁止损、频繁再进场，每次都是 100 点长阴杀跌止损而 100 点长阳追涨再进，真的是所赚抵不过所赔。”

除了这几天的日记，我跟老崔和忘年交哥们儿还有两段是不是止损的对话也表明了我的坚定持仓态度。大跌那天，忘年交哥们儿问：“李老师，后市走势如果不理想，还是 3900 止损前几天加仓的部分?”我回答：“也别止损了。其实才 1/3 仓位是这次加的，10 万元资金才 3 手，不必止损了，09 合约价位也不高，但是也不敢逢低加多了，怕万一深套顶不住。”忘年交哥们儿说：“您又打算不止损了？这跟原计划不一样啊。”我说：

“根本是我的思维逻辑上还是相信‘火箭蛋’。如果不是‘火箭蛋’，是要坚决按照均线止损的。”忘年交哥们儿说：“怕不怕有万一的例外？”我是豁出去了，说：“万一有例外，就在期货公司要求强平时止损吧。”老崔也问：“止损位你设多少？”我回答：“因为仓位只有 1/3 是后加的，所以不止损了。”

说是不止损，但还是很恐惧。今天，2018 年 5 月 18 日，早晨现货再跌的消息一出来，鸡蛋期货群又有人说：“看来 09 合约真会跌到 3700。”另一位说：“至少是前期低点 3812。”看到这两个评论我心情压抑，万一真跌到 3700 呢？那就是再一次 100 多万元的亏损，尽管是浮亏。

庆幸挺过来了。但是我下意识里 09 合约走强应该是在 6 月中下旬，还有一个月。这么快即强烈反弹，虽然满足了我的愿望，但是完全出乎我的预料。

还有一个反差极大的事情是：09 合约下跌这几天，老陈一直在讥笑、嘲讽我。说我 4000 刚刚止损又在 4090 追进去，刚刚在 4090 追进去又被套到 3970。前几天 09 走势没坏，他问我 09 多单的成本，我说这个成本就以 4100 计算即可，09 涨 1 元，我的 10 万元账户 9 手多单就赚 90 元；……；09 涨 100 元，我多单就赚 9000 元。相反，09 跌 1 元，我的账户就赔 90 元；……；09 跌 100 元，我的账户就赔 9000 元。我说你也不用推算我 09 多单的平均成本了，只要知道这个就行，涨了我高兴，跌了你就嘲笑我呗。我相信嫉妒是人的本性，幸灾乐祸也是人性之一，只是文明人应该克制自己的非道德情绪。我和老陈都想当对方的老师，但都不被对方认可。我岁数大点儿，修养高点儿，说话文明点儿。但老陈不是，他爽快、率性，说话从来不管不顾，头脑激动时说话要多难听有多难听，所以这几天 09 大跌他是真的很快乐。他那天说：“你已经赔大了啊！10 万元账户不止赔 1 万元吧，你 22 个账户应该赔了几十万元吧。”是的，将近 400 手，可不赔了约 50 万元嘛。但是我不怕，所谓轻仓就是管这个的，浮亏只要不危及账户，不要追加保证金，不要强平，就没什么。但是老陈不这么看，他认为不及时平多任凭入套 100 多点是不可接受的愚蠢，就在今天早晨，09 还没开盘时，他跟我争辩正酣，忍不住脱口而出："这几天我高兴着呐，你就等着继续被烤乳猪吧。"这才短短个把小时，我的 50 万元回来了，老陈失望了。

人算不如天算，是老天再次眷顾了我，还是规律保佑了我？

不一味下跌、震荡、上蹿下跳、剧烈地洗盘，等 6 月中下旬发射"火箭蛋"。

既定的策略就更坚定了，多单持有不动，等最后结果。几十万元去又复来，复来又去，都是不可避免的，只要最后一两百万元到手就行。

这边的报告文学也不用写什么了。那边的日记继续写，车轱辘话还得说，给朋友们，给自己，用意就是强调规律，重申规则，坚定持仓，不受干扰，也就是：**规律第一，规则第一，执行第一，**把住季节大势。

**规律无敌，正确的规则无敌，坚决的执行力无敌，不言自威。**

多头上周末发力，彰显出"火箭蛋"规律的必然性。多单坚持自然无错，连老陈也在周末的交流中说："希望你成功！截至目前，随你的话，利润会大减，对冲你是靠我，及时止盈转向。如果这次'火箭蛋'真能让你获利 300 点的话，我以后还认你为师。"

哈哈哈，功劳是一定要争取的，老对头的正确也是要承认的。

转变看法的不仅是老陈，还有鸡蛋期货群里的那位高手，就是否定 2018 年有"火箭蛋"的那位，大跌之前 35% 仓位做空 09 的高手，他周日下午说："从盘面看鸡蛋期货不能做空，前几天的空单已经平推止损，尊重盘面。"

我立即给他点了个赞，说："有哥看多，多单信心更足了。"

却有另一位高手大呼："哥，不能认输啊！"我赶紧说："尊重市场，这才是高手的客观态度啊。"

另一位群友也点了个赞。他 2016 年死不平空 01 合约而被 01 持续上涨整爆仓从而离场退群达一年多，最近才重新进群做空 09 合约，他说：“不尊重市场会爆仓的，我就是例子。”

但是我内心觉得那位高手朋友所谓看市场看均线的做法在“火箭蛋”酝酿时不合时宜，也就是市场向下的势头这个时候往往是骗线，完全依据形态而跟进做空、杀跌、平多都是舍本逐末，因为后面是“火箭蛋”大势，随时多头暴动，做多才符合季节周期。

但高手适应盘面遵从市场总是对的，这不，他止损空单才两天 09 就大涨，**2018 年 5 月 22 日，多头借北京现货开始回升之际，一举增巨仓拉到了三个月前的高点** 4253，高手群友如果不止损，就是浮亏 200 点。

他止损了，老陈却要进去。周末的争辩中，老陈说那个高手是伪高手，现在这个时候，距离“火箭蛋”尚远，现在这个点位——4100，都预示着做空是对的，所以，老陈角色互换，声称要接过伪高手的枪，在 4100 站岗，而且还要逢高加空，要跟我比试一把，教教我如何赚钱。

老陈肯定是错误的，悖逆了鸡蛋的“火箭蛋”周期，而且做短线是随机性的操作，难以确定赚钱。

其实，我也是错误的。09 合约大涨而我的多单没有加满仓位，所以我十分难受。前几天不敢逢低加多，怕再跌，仓位过重我将致命。这两天追涨显然不行，吃过亏，怕再次回落，现在踏空滋味不好受，而后市如果回落我又该为没有逢高止盈而沮丧，而且还要被三位事后诸葛亮指责、数落和嘲弄，尤其是老陈又将会无休无止地教育我，真是两头难，两头受气。

恰在此时，那边老崔又来了：“你没机会加仓了！”

我这个气啊，昨天他看了我的日记——“坚守多单不怕被套”后还说：“你跌破均线不止损是不是不对啊？保命要紧。”

这也正是朋友的意义，没有情面，没有顾忌，有啥说啥，哪怕是出尔反尔。

我总得想办法，两全的办法。第一，不能追高鸡蛋 09 合约了，现在不是“火箭蛋”连续上涨的时候，追高不安生，宁肯那 1/4 仓位的资金踏空。第二，那 1/4 仓位的资金是不是可以择机做做别的，如铁矿石，现在跌破均线了，如果在 8 月做空 01 前有时间有机会做多铁矿石，也能弥补一些缺憾。

但是没准儿鸡蛋 09 合约还会回落且大幅回落呢，今天下午便显示了多头陷阱，增巨仓长上影 140 点令人惊愕，考虑到“火箭蛋”时间尚早，后市可能真有逢低加多机会。

这天 K 线形态过去从未见过，“火箭蛋”酝酿时期，增仓 1 万多手，成交量 32 万手，冲高回落长上影实体中阴线。谁今天追高开多、追涨止损空单，谁可就倒大霉了。当然我也不是什么幸运儿，140 点的利润得而复失，50 万元的利润得而复失。

然而基本大势是确定了，今天的长上影是股票和期货里常说的“仙人指路”，尤其是对鸡蛋期货这种六七月份必有“火箭蛋”的品种，这种“仙人指路”极具可靠性，长上影的高点必被涨破。

老陈又要吃我的烤乳猪。没办法，胜者为王，即使是暂时的。这就是随机性与确定性之争：随机性不一定次次赔钱，也许一次赚个大的。老陈今天赚了个大的，当然只是纸上谈兵，他也没计划在 4200 开空，所以他实际上也没赚，只是 4100 的空单少亏了而已。

但是老陈批我振振有词：“你就一个字：等。啥形态也是等，不管涨跌都是等，不管大涨大跌都是等，不管是赚是赔都是等。今天就让你看，有一个药方治百病的吗？”

我回答：“有。一个药方：轻仓，顺势，截住亏损让利润奔跑。专治所有期货散户的一切毛病。”

# 第十七回　轻仓重仓的风险度计算

前几天说不再写 09“火箭蛋”行情的过程了，却发现止不住，总有新情况出现。

例如，老崔对我加多 09 合约仓位不足多有微词，我自己对他的言论也颇有微词，但我又何尝不是满腹的沮丧和惆怅。涨时嫌多单少，前几天大跌时可是恐惧万分，一个多单都没有才好啊。

到底 09 合约开立多少仓位才是合适的？

我做了一个 09 **多单仓位风险度计算**。

现在仓位是每 10 万元资金 9 手多单。前段时间我总说择机加多到计划仓位，计划仓位是 12 手，但逢低也不敢，逢高也不敢，就是因为我思想深处隐隐觉得仓位真到 12 手可能会致命。

今天具体算算，还真是让人触目惊心：

现在仓位是 9 手，则保证金占用是 9 ×5000 元 = 4.5 万元，留存保证金是 10 万元 -4.5 万元 = 5.5 万元。如果 09 合约从 4100 跌到 3700 则是跌 400 点，浮亏就是 4000 元/手 ×9 手 = 3.6 万元，留存保证金则只剩下 5.5 万元 -3.6 万元 = 1.9 万元了。如果 09 合约从 4100 跌到 3600 则是跌 500 点，浮亏就是 5000 元/手 ×9 手 = 4.5 万元，留存保证金则只剩下 5.5 万元 -4.5 万元 = 1 万元，就很可怕了。再往下算，如果 09 合约从 4100 跌到 3500 则是跌 600 点，浮亏就是 6000 **元/手** ×9 **手** = 5.4 **万元**，留存保证金则只剩下 5.5 万元 -5.4 万元 = 1000 元，这就相当于爆仓了，期货公司就会打电话通知我和我的那些亲戚、同学、同事、朋友，让往账户里增加保证金。如果我们不能及时增加保证金，期货公司就会强平我们的 09 多单，可能一点儿一点儿平以弥补保证金不足，也可能一下子全部平掉。我从 2018 年现货蛋价春季价位判断，现货不会在五六月份再跌回 3.10 元，那么“火箭蛋”涨幅至少是涨 1.50 元涨到 4.50 元，则 09 预期也是 4500 便不会跌到 3500，所以 9 手多单敢于死扛。忘年交哥们儿害怕，说万一跌到那里怎么办？我只好说：“万一真跌到那里，我们就等着期货公司强平止损吧。”

再假设仓位加到 12 手，则保证金占用是 12 手 ×5000 元/手 = 6 万元，留存保证金是 10 万元 - 6 万元 = 4 万元。如果 09 合约从 4100 跌到 3700 则是跌 400 点，浮亏就是 4000 元/手 ×12 手 = 4.8 万元，超出了留存保证金 4 万元的承受力，一下子就爆仓了，而跌到 3700 是很可能的。就在 09 合约 5 月 18 日大涨前一天，鸡蛋期货群里还有群友说看来 09 真要向 3700 进发了。

因此，我不敢加多 09 合约到 12 手，怕遭受没顶之灾。

那么，跌破均线减仓不就行了？不行，因为 09 跌破均线和涨过均线都是突如其来的，一下子就是 100 点，按照均线加减仓位，挣的没有赔的多。我们 4 月 24 日就是那样减仓的，结果没几天又要追高加回来；我们 5 月 15 日没有减仓，没料到 5 月 18 日便大涨回来。

如此说来，09 合约我是不敢再加多了，因为它太能震荡了。就在写下这段话的第二天，5 月 23 日，09 大幅缩仓大幅下跌，再次显示了主力震荡洗盘的可怕，把昨天增仓增量进场开多的全部套死。如果我加了多单，走还是不走？

但是到 8 月做空 01 合约时，我还是敢于开仓 12 手的，因为 01 那时的趋势性明确而短暂，容不得多头抵抗，也容不得空头耽搁。

09 合约多头主力的意图如何呢?

5 月 22 日，09 合约冲高回落收出长上影实体中阴线后，现货连续上涨，从3.32 元涨到了3.77 元，涨了有10%之多，而期货09 反倒是拉高出货诱多陷阱，连着阴线缩仓下跌，升水 820 点缩小到 310 点，09 价格更不合理了。

我十分不解。我预计过做多09 合约“火箭蛋”会有反复震荡，前两次巨幅震荡我都坚持过来了，坚信是“火箭蛋”之前的俯卧，终究会一飞冲天。但是现在，09 在第三次一天 100 点上穿均线，并且在蓄势一天后增巨仓上拉越过4250 的前三个月高点后，竟然如此狂跌！俗话说“事不过三”，这已经是第三次强势收复失地了，莫非还要再来一次大跌？这真给我带来了巨大打击，甚至要磨灭我的持多信念，我有些怀疑，现货即使真涨到4.50 元甚至4.70 元，期货09 也能涨到4500 吗？

我真怕自己倒在黎明前。

更令我难受的是，老陈的“逆势持空、逆势加空”短线思路再次得势，他频繁嘲弄我，扬扬得意地问道：“你如何理解今天上午 09 合约不随北京现价大涨而上涨呀?”

是啊，我不理解。可是，又必须理解啊。

我分析了主力多头的表演，在现货一周前（5 月 18 日）弱势时，09 多头反倒敢于强拉，让3900 一带再次成为空头的噩梦，过去一个多月多头已经三次挽狂澜于既倒。

由此猜测主力多头意图有两个：一是 4000 以下不合理，与现货“火箭蛋”预期严重不符，所以敢于三次强势硬拉起来，尤其是在现货下跌的当天，在09 合约岌岌可危时敢于逆势做多。二是现货“火箭蛋”发射一般在七八月份，现在才 5 月，即使期货提前一个月反映“火箭蛋”，时间也还早，且 6 月现货还可能再来一次回落，现在如果继续上拉，势必获利逃跑的多而跟随追涨的少，不利于多头节约资金造势。

这种猜测似乎有道理。

那我的多单就只能坚定持有了，等到六七月份主力做“火箭蛋”行情，没有其他办法。

就让老陈得意吧，我说：“胜者为王，你是王。”

他乐了，知道我其实说的是：我才不信你那一套呢，做期货是必须长线思维的。

大连商品交易所公布了一件鸡蛋期货的大事。

**2018 年 5 月 25 日（周五）闭市后，大商所公布，修改鸡蛋期货持仓规则，上调鸡蛋期货持仓限额。**自 25 日结算时起，自 1807 合约开始，包括后续的所有合约，自上市起，非期货公司会员和客户持仓限额从 300 手调整至 600 手；自交割月前一个月第一个交易日起，从 100 手调整至 200 手；自交割月前一个月第十个交易日起，从 30 手调整至 60 手；交割月份，从 5 手调整至 20 手。

扩大持仓意何为？

过去大商所管理层说，限制鸡蛋期货持仓为 300 手，可以防止过度炒作，防止逼仓，保持蛋价稳定，保护生产者和消费者的利益。

那么现在扩仓一倍，这个意图很明显，就是活跃鸡蛋期货交易，吸引大资金进场。

从鸡蛋期货现在价位高低角度思考，这对多头有利，不可能是为了吸引资金在 4000 价位还进场打压。

那么 09 合约该如何呢？且看下周一吧。

另外有相关报道说，2017 年 3 月改革交割制度，便利现货商全月套保交割后，鸡蛋期货现货的价格相关性达到了 0.94，即临近交割月期货价格基本等于现货价格。

这也是我们坚定持有 09 多单的信心所在，现货 9 月肯定是一年中价格最高的，那么 8 月的期货价格也不会低。

周一到了，5 月 28 日，09 合约高开高走，持仓放大 2 万手，总持仓达到 15 万手，符合扩大持仓限制的管理层意图，价格达到 4158，比上周五涨了 80 点。

我的死持多单再次逃过了下跌，丢失的 60 万元浮利回来了 30 多万元。

这就是期货难赚钱之所在：能不能受得了三番五次的震荡，近百万元利润来了又去的煎熬。

我的煎熬就是主力的意图，洗盘，抬高持筹者的成本，反复蹂躏我这样做多 09 合约的人。

我的煎熬也是盘面的特征，几次三番增巨仓大涨一天，然后就是减仓下跌，然后又是盘整几天，然后又是一根长阴，期价重回低位，令人厌恶。周二又是如此，开盘即缩仓下行，不过这次是不是还有盘整几天后的大跌，就不知道了。

总让人着急，这“火箭蛋”的连续拉升什么时候才来啊？

什么时候来真的不知道。

但是一定会来则是知道的，也是坚信不疑的。每年都是五六月底起来后，会有连续的拉升，2014 年是，2015 年是，2016 年是，2017 年也是，最迟是 7 月初，早的话是 6 月。

从来没有一根长阳便结束“火箭蛋”的。

所以，今年，2018 年 5 月末，我还需多些耐心，不被主力的折磨吓跑，逼跑，气跑，恶心跑，等着 09 合约连续上涨，等着“火箭蛋”。

这天下午持仓又增大，价格又上涨，多头意志坚强，空头也不甘示弱，双方对后市的看法针锋相对，这种态势不是空头认输追高平空持仓缩减导致持续上涨的样子，估计后市还得有震荡。

但这种分析未必准确，历史上持仓放大价格连续上涨的挺多，如 2014

年6月的鸡蛋期货。同样，持仓缩减价格连续上涨的更多，空头认输推高期价的形态比较容易判断。

从持仓增减判断期价能不能持续上涨这个方法不准确，下午临收市，多头突然杀跌平仓，持仓急剧缩减，价格瞬间大跌。

也是，好几个月的季节长线周期都要不断震荡，何况一天的短线。

我在鸡蛋期货09合约的蹂躏中备受煎熬，那些账户的主人也在希望和期盼，图书馆同事老张来话了："好久没见你到单位来，你在哪儿呢？"

哈哈哈，这令我一身轻松。今年第一战侥幸歪打正着获利不菲，我可以优哉游哉地跟他们吹："我在家呢。"

"怎么不到图书馆来了？"

我说："我原来去单位图书馆看盘，就是怕老婆看着我做期货，矛盾重重。现在20万元资金到手，我的确能从鸡蛋期货赚钱，给老婆赚岂不更好？所以也就不避讳了，名正言顺地在家做。"

老张倒是十分关心我的家事："都老家伙了，还闹什么离婚！"

"是，是，我们只是闹闹而已，虽然有的还真离了。"我隐指的是谁想必老张也知道。单位一位老同事，就跟他老婆离了。

还是谈谈钱吧。这个是老张最关心的，也是我愿意吹的："老张，你是不是经常在上海证券交易结算中心查阅你的账户情况啊？"如果是，他应该一直高兴啊，他的账户增值多好啊。

"没有啊，我不会查，一直没查过。"

我有些失落："没查过啊，也正常。我其他21个账户也没几个人会查，我都是过一段时间给他们汇报一下账户权益。你的账户权益现在是13万元。"

他高兴了。5个月增值30%能不高兴嘛，他立即给了我三个赞。

还有13万元吗？今天大跌啊，可能我真是吹牛了。我赶紧打开他的账户，结算中心闪出昨日权益 13.5 万元。呵呵，这就行。13 万元便不会有太大出入，账户展开，今日浮动权益是 13.1 万元，没吹牛。

我立即把账户截图，包括户主姓名、静态权益、动态权益、占用保证金、可用资金、持仓，项目齐全，发送给他：“今天下跌了，昨天权益更多。”

过了好长一会儿，他说：“我看不懂，全靠你了啊。”

我说：“你看到你老张的名下还有 13.1 万元就行哈。”但是我知道，小手机看大账户是不容易，左滑右滑，上滑下滑，加上他根本不熟悉账户界面，不可能看明白，甚至都找不到他的名字和 13.1 万元。我跟他说实在的更能让他踏实：“我要好好为你干！7 月能干到 15 万元，8 月底能干到 20 万元，保证你的利润。”

“给你加油！”老张说。隔着几公里，我能看到他灿烂的笑容。

加油。这个鼓励也让我自豪。刚才我从他账户看到一个数字，今日持仓盈亏：4500 元。这个数字老张如果看到他会做何感想？4500 元，就是他初始资金 10 万元的 4.5%，这个盈利比例比银行定期存单都高出很多，即使仅仅是这个盈利率，对他也将是巨大的满足。他一定会为单单今日一天的亏损率竟然如此之大而不解，也一定会感到期货的可怕和可喜，一定会为我对复杂期货的把握能力而赞叹，我舍弃这 4.5%，甚至更多，反倒能拿到百分之百。

别说老张这些门外汉了，即使成天泡在期货里的散户，又有几个人能理解我的理念？

这就是我跟散户不一样的地方，我骄傲。

六一了，我被 09 合约蹂躏成了傻瓜，像孩子一样张开了畅想的翅膀。不，胡思乱想。

不再盼望它涨，现在反倒是希望它跌，涨不起就跌嘛。既然后面 6 月现货肯定还有一跌，那多头也没必要在 4100 硬撑着了，跌到 4000 以下去吧。

反正就要到发射“火箭蛋”的时候了，最多还有一个月，跌到4000以下正好很多看好“火箭蛋”而没有多单的投机者可以低位进场，我也可以在09合约重新启动时追高加多到满仓。现货一定会在七八月开始大涨，到中秋节前涨到4.50元以上，09合约能最高止步在4100？不可能的。

这么一想，焦虑一扫而光，而09合约反倒让我埋怨它怎么不跌了。

也是，难道09合约的空头主力就不知道“火箭蛋”逻辑？要能跌，干吗4月不跌？5月不跌？那两个月都跌不下去，反倒想在6月大跌？

随机性，无奈，码字间09合约竟然又增巨仓1.4万手涨起来。

随机性，无奈，兴奋间09合约竟然又缩巨仓1万手跌回来。

不过是闹剧重演，又一天震荡而已。

希望与失望，交替过日子。

市场和思想，没完没了地碰撞。

# 第十八回　主力的套路

我有个习惯，每天都要查阅主力合约今日持仓。例如，现在每天都要到大连商交所官网翻查 09 合约的前 20 名多空持仓数据。

屁股决定脑袋。我现在持多 09 合约，看到前 20 名持仓多头多于空头就欣慰，看到空头多于多头就忧虑。

这几天，空头持仓渐渐多过多头了，多出 2000 手了，我不仅是忧虑，还有些恐惧了，空头会不会排山倒海把期价打下去？

还得靠历史数据解释。

急忙翻查 2014 年 5 月末 6 月初的 09 持仓、2015 年 7 月初的 09 持仓、2016 年 6 月下旬的 09 持仓，都是回落后开始“火箭蛋”发射时期。

好，这一查查出了信心。底部时都是空头持仓盖过多头几千手，甚至开始发射“火箭蛋”了空头还是强于多头，但是照涨不误，到涨起来后，空头渐渐不支了。

看到网上有懂行的说，大佬们持仓往往制造假象。例如，看着前几名持多数量不多，其实他们的资金和仓位都分散在持仓排不上前 20 名的期货公司呢，以此迷惑对手，说不定哪一天就出其不意地疯狂连拉。

希望现在 09 多头主力也是这个套路。

**说起套路**，想起股票、期货主力常用的手法：打压吸筹，震荡洗盘，摊平参与者的持筹成本减少抛压，连续拉升脱离成本区，高位震荡出货。

联想到鸡蛋期货的季节周期，“火箭蛋”周期，现货的“火箭蛋”高度，期货 09 合约的预期高度，那么主力的套路现在是什么阶段？应该是震荡洗盘阶段，反复在 4100 到 4200 之间上蹿下跳，引诱多头追高，引诱空头开空，给高抛低吸的短线客以甜头，摊平参与者的持筹成本。那么下一步呢？应该是时间差不多了一举越过 4200，连续上拉，至少到 4400，让等着低位做多的踏空，让短线做空的入套。

主力套路其实是反映了规律，因为市场涨跌是客观的，再大的资金也要遵守客观涨跌大势，只不过他们可以提前或者延缓趋势起始时间，制造曲折过程，把跟风的和对手盘都整晕。

那么我跟着大势走，认清这些套路，该持多便坚定持多，赚钱应该是必然的。

# 第十九回　我是不是西西弗斯

6 月初，看了电视连续剧《东方华尔街》。该剧讲述的是香港股票市场腥风血雨的故事，广受好评。剧里主人公说股票市场十年一轮回，渐渐繁荣，然后跳水，然后再繁荣。股民也就都是重复做无用功，赚钱了得寸进尺再赔进去。赔钱了不甘失败重整旗鼓赚回来再赔进去。这就像**希腊神话里的西西弗斯，**把大石头奋力推上山顶，然后稍一松弛，石头又滚下来。这么反复推上去滚下来，永无休止。西西弗斯耗尽一生的心血和力气，最终也没能把石头立在山顶。

我想起 2017 年，上半年鸡蛋期货赚的 40% 在 8 月死扛 01 空单上悉数赔尽，确凿无疑地，我当了一次西西弗斯。

进而我又想，我做鸡蛋期货，会不会就是西西弗斯？赚了赔掉，再赚了再赔掉，永远赚不到？

可怕的联想。但是应该不会。

2017 年 8 月大亏，亏在死扛，逆势死扛，也就是违背了期货三原则之第一条：顺势。

如果永远不逆势，永远顺势，那么石头就不会再滚下山坡。

可是，现在的 09 多单跌破均线时死扛，会不会成为西西弗斯？

也应该不会。第一，现货现在是 3. 70 元，即使过几天回落，也会在八九月涨到至少 4. 50 元，这是规律，“火箭蛋”规律。第二，现货涨到 4. 50 元，那么期货 09 不可能在 4100 不涨，期货最终跟随现货也是规律。第三，过去四年里09合约的走势都是六七月开始发射“火箭蛋”，这已经是规律，只要实践尚未打破这个规律，我就应该坚信它会重复。

所以，我现在的结论是：我不是西西弗斯。我的规则能把石头推上山顶并固定住而不会再滚下来，我赚的钱不会跑掉。

虽然这么说，但是期货09合约一天不涨，我的心就一天难以安生。这不，6月8日，09没有承接昨天的增仓上涨，而是瞬间冲高急速回落，尾市创出16个交易日的最低，多头跑路，空头打压，一举跌破所有均线，我满怀的信心再次遭到摧残。

夜不能寐，害怕重走2017年01空单死扛任凭期价上涨的麦城，也害怕“火箭蛋”类似95对冲一样来个规律失效。

恰恰从第二天开始，周六、周日，北京现货连续下跌，从3.66元跌到3.43元，本来它在3.66元高位支撑了半个月，支撑了中国整个鸡蛋现货的价格。在这期间，青岛蛋价跌下又起来；上海蛋价一直在低位3.38元处蛰伏，而这两天刚刚涨了2角。北京现货蛋价是高耸的旗帜，这面旗帜落下了，期货09合约下周一可能借势大跌。

更加不安了。

便从根儿上想，反复想，我的“火箭蛋”操作思路到底有没有问题。这个想法其实每天都在进行，都想了两个月了，还会想下去，想到“火箭蛋”起来，或者“火箭蛋”失效。

现货的端午节行情应该是结束了，2018年端午节行情高点是3.66元，比清明节行情的3.50元高，但是比五一节行情的3.80元低，符合过去17年六七月份蛋价有所回落的一般走势。但是过去17年，极个别年份是六七月份蛋价重复3月的最低价，多数年份是高于3月。所以，今年六七月份能回落多少，大概率是高于3月的最低价3.10元，小概率是跌到3.10元。

但是过去17年，每年都是八九月份蛋价最高。过去17年，多数年份八九月份蛋价高于春节前，极少数接近春节前。所以，判断 2018 年，八九月份现货蛋价大概率能高于春节前的 4. 70 元，小概率接近 4. 70 元。

现在是 3. 43 元，现在是 2018 年 6 月 10 日，未来一个月向下空间是跌 4 角，而未来两个月向上空间是涨 1. 10 元。

这是第一点。

第二点是期货总是应该在大方向、大趋势上跟着现货走的，不可能现货要涨起来而期货却跌下去，所有品种都是相同的。其他品种没有季节周期，现货涨跌都没有可预见性，决定了期货也没法预期。例如，橡胶期货现价已经是历史较低点了，但是后市还是不知道会不会涨起来，也许还能跌到历史最低点，即从现价再跌 20%，所以不能逢低买多，不能死扛多单。而鸡蛋现货有明确的季节周期，这便决定了期货也应该有明确的季节周期，现在是“火箭蛋”准备时期，如果现货预期是 4. 50 元到 4. 70 元，那么期货 09 合约不应该最终维持在 4200 以下，这个逻辑是我敢于在均线之下也死扛多单的根本原因。实际上，K 线也体现了这个规律，如果不死扛则必是追涨杀跌来回止损得不偿失，我这两个月死扛 09 多单已经三次尝到了甜头，应该还能再尝一次甜头。

以往四年，最迟“火箭蛋”启动是 7 月 10 日，现在是 6 月 9 日，还有一个月，还要等，还没必要担心“火箭蛋”规律没了。

6 月中旬，苹果期货在我心口上扎了一刀。

前三天，苹果期货跌停，跌破了 30 日线，高位跌破中期均线，按照我的规则，一定要杀跌追空的。

但是，苹果在 30 日线下一天，只待了一天，就来了一个涨停。如果我跌停那天进场开空，那么涨停时即使能够赶得上止损离场，也是大亏 470 点，如果当天止损来不及而第二天再止损，或者犹豫中死扛，便又加亏 300 多点，共计亏损 800 点。

我第一个感想就是庆幸，我没做苹果期货。

苹果这一刀扎在我的中线原则上，我按照自以为天下最好的操作规则即中线原则做，也逃不了大亏。

这就是我之所以只做鸡蛋的根本原因。没有季节周期的，只能按照均线做，那就常常陷入主力的骗线陷阱，追涨杀跌开仓是必需的，否则会错过行情，而追涨杀跌的止损又是必需的，否则深套其中。也就是说，做鸡蛋期货按照季节周期多数时候能逆着均线死扛，扛到季节周期来临就是胜利，而其他品种根本容不得死扛。

# 第二十回　保证盈利 10% 以上就要准备损失全部本金

中国银保监会主席、中国人民银行党委书记郭树清 2018 年 6 月 14 日警告投资者说：“收益率超过 6% 就要打问号，超过 8% 就很危险，10% 以上就要准备损失全部本金。”

我就想，投资收益率达到 10% 很难吗？

恰好看到一个最新统计。2017 年，中国共有基金 2 万多家，其中评分最高的有 100 家，其效益评分最高值为 25 分，基金收益率达到 50% 以上的评为 25 分，收益率在 30% 到 50% 的评为 20 分，收益率在 20% 到 30% 的评为 15 分，收益率在 10% 到 20% 的评为 10 分。结果是，其 1/3 收益率是 50% 以上，接近 1/2 收益率是 30% ~50%，剩下的 1/4 中多数收益率在 20% 以上，最少的收益率也在 10% 以上。这 100 家基金收益率够高的，但是它还占不到中国基金总数的 0.5%。

又查了一下网上数据，2017 年基金收益率平均为 1.79%。

难怪郭树清那么说。

问题是，对我来说，力求年收益率为 100% 甚至 200%，是不是痴人说梦、天方夜谭？是不是根本不可能完成的任务？难道我比基金经理还能？我替大家操作那么多账户，号称能赚那么多是不是诓人家？

难以笼统回答。

先看股市。如果按照大盘趋势持仓或者空仓，即在大盘上涨时买入 ETF 基金，在大盘下跌时卖出 ETF 基金并空仓，那么 2017 年是赚钱的，收益率是 20%。

再看期货。如果按照中期均线做一些品种，整体上是赚钱的，如橡胶、螺纹钢、铁矿石、棉花、苹果。如果单讲鸡蛋，则更是赚钱的，如果不犯 01 合约的空单死扛错误，如果按照季节周期做大势，如果没有主观因素干扰，则收益率应该至少在 100%。

那么，我小范围推演的高收益率与郭树清所说的严酷之矛盾，与中国基金整体效益极差的矛盾，如何理解呢？

是不是应该归咎于基金经理们在股市和期货里操作的规则不科学？

第一，基金是不会有大盘不好不做股票的规则的，他们什么时候都要炒股。

第二，基金也是热衷于短线操作的，尤其是期货，更是短线为王，而短线操作是赔钱的根源。

这是不是就是问题的本质？

我正是没有这两个错误，是不是我的高收益率是可以实现的？

看实践吧，看鸡蛋 2018 年剩下的两波结果如何。如果结果符合预期，那么期货投机市场的高收益就是可以完成的任务。如果“火箭蛋”这一波没有成功，那就是实践把“火箭蛋”规律也否定了，虽然不是我的操作有问题，但证明了郭树清的警告是客观、真实、全面、普遍的真理，无可争辩。

6 月 15 日前，美豆已经开跌。前后几天工夫，从 1035 跌到 920。

这对中国大豆和豆粕及玉米期货是利多，美国农产品采购价格高了，也能促进中国同类商品价格提升。

对鸡蛋也是利多，饲料类价格提升提高了鸡蛋生产成本。但是这种消息对鸡蛋的作用只是推波助澜，鸡蛋本身要来“火箭蛋”了，其他利多只不过是导致提前发射“火箭蛋”或者来一个脉冲式上涨，大趋势是靠鸡蛋的季节周期决定的。

但是这次是合力，此时正好是端午节小长假前一天夜里，而端午节一过，鸡蛋现货没有跟随豆粕等饲料类上涨而是有所回落，正好又是期市开盘的日子，这样鸡蛋期货的利多和利空便交织在一起，09 合约如何运动便只能看多头的意志了。

高开 30 点，端午节后第一个交易日，09 合约表现不错，但是相对于豆粕大涨 5% 来说，鸡蛋表现欠佳，而且故技重演，增仓猛涨，减仓猛落，跟 5 月 22 日一个德行，叫人厌恶。等着吧，坚信“火箭蛋”，主力再怎么短线折腾，也改变不了“火箭蛋”客观、自然的大势。最后收盘，09 形态跟 5 月 22 日的增仓大涨缩仓大跌收大阴并不相同，这次虽然也是盘中增仓大涨缩仓回落，但是回落幅度不大，日 K 线是实体中阳，可以解释为空头大规模离场，缩仓上涨是最典型的趋势模式，“火箭蛋”发射的可靠性大增，后市涨起来更容易。

我有个不好的习惯，涨跌符合自己的持仓趋势时，就愿意翻开那些账户享受资金增值的快感，在回调震荡时不予理睬不打开账户，免得接受缩水的难堪。这天也是，09 合约大涨时，想看着账户大幅增值，又怕一会儿回落账户缩水，便作罢了。幸亏作罢了，否则缩仓大跌时又是深深的失落。

现在是 2018 年 6 月 19 日。过去四年最迟发射“火箭蛋”的时间是 2015 年 7 月 9 日，今年即使按照最迟发射算，也只有十几天了。如果今天这波上涨就是“火箭蛋”发射，那就更可喜了，想想今年第二场战役就要结束，所有的账户都将增值一大块，还是很激动，也觉得惶然。这几个月一直在折磨中度过，被反复震荡整成了神经衰弱，极度怀疑“火箭蛋”成为不可能完成的任务。

现货蛋价是跟着节日变动的，端午节跟清明节、五一节等一样，属于小的波动缘由，而春节、中秋节是大的节日，决定了现货蛋价大的变动。

一般每年端午节前都是小幅上涨，端午节后再回落，2018 年青岛、上海也是，都在端午节刚过便回落了，上海更甚，是连续两天回落。在这样的情境，我担心会扯着 09 合约不能连续上涨。

令人惊奇的是，北京现货蛋价没有回落，反而上涨，大涨。6 月 20 日，端午节后第二天，青岛上海都下跌，北京现货上大佬们竟然把价格提高了每斤 0.12 元。这要在期货上就是涨 120 点，当然期货不会这么涨，期货是每年三个季节周期的趋势固定，但整体涨跌幅都不大，因为它反映的是现货的预期。

2018 年春夏，现货蛋价很强势，很多人预料的大跌都没出现，除了蛋鸡存栏不是太高等客观决定因素外，北京现货大佬死撑的“功劳”也首屈一指，他们多次让期货该跌不跌而不该涨时硬涨，令期货空头甚为恼火，我的鸡蛋期货群里就有整天叫着逢高空的群友总是骂他们。

呵呵，有北京现货这么顶着，09 合约多头的气势会如虎添翼。

却也没有，既没如虎，也没添翼。20 日开盘，09 合约上冲被空头打下，增仓，空头也不示弱。到下午 1：30 开盘后，多头开始猛拉，挺好，但是持仓增加太多，短短十几分钟增加了 2 万多手，总持仓增加了 15%，而且一直维系到尾盘，价涨得不多，只有 40 多点，而仓增巨大，增仓 2.4 万手，说明逢高卖空的也不少，这无疑会抑制多头的信心，也会限制上涨的幅度。

增仓上涨不如缩仓上涨好，最理想的上涨形态是缩仓上涨，那是空头认输的表现。现在增仓上涨，就是空头主力不认输，跟多头叫板。所以，我们还是要多一分警觉，不能太过乐观。

不能太过乐观，我要把这个意思告诉忘年交哥们儿。但是我先说的是现在现货强劲，预示“火箭蛋”高度可能到 4.70 元，所以 09 合约可以高看一线，对多头炒作是个激励。

“你这意思与当时 4400 出货的计划不一样啊，你观点又改变了？”他应该也是想起了我 2017 年 8 月做空 01 合约的贪婪和 2018 年春天做空 05 合约的贪婪，贪婪不成反受累。

“恰恰相反，我想提前在 4299 高挂平多。”我说了理由。增巨仓上涨预示着难以大涨，过去不见好就收的懊悔，这段时间被折磨得战战兢兢的心态，以及大家一致看空 9 月后半月中秋节后的蛋价，还有一点我也很担心，95 对冲是春季侥幸获胜的，如果严格按照规则和计划操作则最后不仅不赚钱反倒是大亏，现在需要一场计划内的胜利，八九不离十即可，否则鸡蛋期货的规则和执行还是不敢说是可靠的、可重复的。

他说是，太熬人了，可行。

我俩商定：“明天早晨高挂 4299 单子守株待兔，如果不成，则后天可能涨过 4300，我们可以挂更高一点儿。”

夜里反复斟酌，能不能坚持一下？坚持到 4400 一带再止盈？最后还是确定按照我俩的约定做，一天不把钱赚到口袋里就一天不敢放松，赚到总比懊悔强。

6 月 21 日，上午 8：30，依次打开 22 个账户，鼠标双击持仓，自动填入交易栏目，卖出，平仓，各账户的手数，一通忙乎之后，时间就到 8：55了，集合竞价。一栏一栏再次看清楚了再点击确认，还行。到 8：58 时，都完成了操作。好几个月才操作一次，很是紧张，生怕打错了，使劲儿盯着，买、卖要分清，平仓、开仓要分清，手数要看清。

然后就是等了。

不想告诉老崔，怕他拿着我的规则和计划跟我掰扯。我跟他说不清，他过于机械和教条。2016 年 7 月止盈 09 合约多单时他骂过我，2018 年 3 月底止盈 95 对冲时他骂过我。幸亏我做对了，不止盈都是恶果，他才无话可说。

可是，他还是找出了蛛丝马迹，因为我这天发的日记里说要见好就收，不能犯令自己懊悔的错误。他开始打探着兴师问罪了："你准备出来了？出来后还进吗？按你说的还有两百点呢！历史总是相同的！'火箭蛋'发射才刚开始！那你按规则是不应该出来的，对吧？你自己害怕，怕浮利没有了！你自己以前都分析过的！你自己看着办吧！你还是不淡定！"

连珠炮，我的几句简单解释没有用。

老崔应该是误解了，以为现在正回调的点位4220我要出局。上冲我才会出，调整我才不会出，因为调整完毕还得涨。我也懒得说明，免得我要解释更多，我就按照我跟忘年交哥们儿的约定办，生米煮成熟饭再说。我也不怕老崔，他的错误比我多且次次致命，我也是对他负责，他自己做期货不赔死才怪。

但平心而论，老崔说的没错，哪句话错了？句句都是真理啊，拿到哪里都是做期货的箴言。只是，如果2016年7月09合约多单止盈不被他骂，那就是所有账户都亏损出局，也便没有做鸡蛋期货的信心起点；如果2018年春季95合约解除对冲时不被他骂，那就是盈利变成大亏。这里面的操作真的很难啊，而见好就收才能笑到最后。

守株待兔而兔子没来，一天09合约都在调整，缩仓1.2万手调整，调整幅度还不小，跌到4180了，我的单子高高在上4299，反倒远了。主力有意吸引多头获利了结，也吸引逢低买多的，也吸引逢高卖空的，摊平参与者的持仓成本，等连续拉升时减少获利者的抛压，也迫使做空的追高止损助力拉升。

明天再挂，还挂4299。

6月22日，继续挂单，4299止盈。昨天操作熟悉了一次，今天操作就快了。

还是没成交。09 合约缩仓 8000 手下跌 10 点，两天间把前天进场的 2.4 万手都快洗出去了，够充分，也可能后市再拉升时阻力小些。但是多头主力也无力借势冲击 4300，说明后市不太乐观，让人不免重重隐忧。

那么更应该见好就收了，今天是周末，下周一还是 4299 继续挂。

周六，北京现货价出乎意料地下跌，它三天前就是出乎意料地不该上涨时上涨，现在又在别家（青岛、上海）稳定的时候下跌。

忘年交哥们儿有点儿担忧：“李老师，北京不知会跌几天。如果连跌，也不排除 09 合约跌停一次吧？”

09 合约跌停？这个太令人吃惊了。可能吗？

我赶紧整理自己的思路，说：“现在这个时候不是现货连续下跌的时候，今年现货较强，端午节都过一周了现货也没怎么跌，北京还是逆青岛、上海而上涨呢，直到今天才跌的。再者，09 合约多头在 4 月到 6 月之间四次奋勇扭转颓势，现在到了‘火箭蛋’发射的时候，更不可能跌停了。这几天，09 空头老大招金期货一直在减仓，已经从 6500 手减到 5500 手，都是亏损出局的，多头断然不会给他低位获利出局的机会。最根本的是，现货北京现在是 3.40 元，‘火箭蛋’发射高度至少在 4.50 元，这就给期货 09 多头以支撑。”

“按道理是。但今年持仓较小，不排除主力利用现货下跌，大跌一次，进行建仓？”

我说：“主力打压逢低建仓必须同时伴有空头增仓打压过程，如果空头是在逢低减仓，那么多头也就无法逢低加仓。所以，再行逢低建仓过程不会出现。”

“嗯，我也认为应该很难跌破 4000，就是跟您讨论一下。”

我说：“每年三个季节周期行情，‘火箭蛋’是最难做的，因为现货在 4 月到 7 月之间变数挺多，尤其是今年的现货走势较强，导致 09 合约走势坚挺出乎预料，但是价位4000，又使得后市看多幅度受到限制，犹疑和震荡间向上运行，使得很多散户踏空‘火箭蛋’，也使得我们一路持有多单的忐忑不安。”我给他打气，也给自己打气：“以往四年，年年‘火箭蛋’都不是一帆风顺，但是年年真有‘火箭蛋’，所以该进场开多时必须硬着头皮开多（2015年7月10日），该持多等待时也必须硬着头皮等待（2016年五六月份），哪怕最后是亏损的，也要等到最后，但是真等到最后了，四年里年年又都是获利的。”

“的确如此。”

这么一说，把我自己的信心也给说起来了，甚至想，4299平多止盈是不是太早了？4400应该能到啊。哈哈哈。

周末两天，青岛、上海两地现货蛋价一直稳定，应该能抵消北京周六的下跌效应。

周日晚间央行宣布定向降准，从7月5日开始，下调国有大型商业银行、股份制商业银行、邮政储蓄银行、城市商业银行、非县域农村商业银行、外资银行人民币存款准备金率0.5个百分点，释放出7000亿元流动性资金，增加货币供给，应该能刺激股市和期货做多力量，鸡蛋期货也应该涨。

周一看吧，我继续高挂4299平多，不管利多多么管用，我还是见好就收吧。

周一鸡蛋低开高走，但是增仓1.7万手才涨了20点，上行之路还是那么艰难，我的高挂多单没有成交。

其他期货品种农产品有所上涨。股市那边高开低走，继续延续中级下跌势头。降准未能促使投机市场转弱为强。

我对现货蛋价的坚挺度估计高了，4月以来三个节日，清明节、五一节、端午节，蛋价一直比较强势。这次端午节结束后北京蛋价还不跌反涨，让我想起过去 17 年走势图，多数年份六七月份横着走，然后发射“火箭蛋”，我以为今年也能那样，没想到这两天北京蛋价连续下跌，已经从 3. 55 元跌到 3. 32 元，达到了 4 月以来的最低，又是一个六七月份探底形态。

现货回探，期货 09 合约的空头主力借势打压，4299 高挂平多的希望又落空了。

而且令人忧虑的是，看空言论甚嚣尘上，网上期评本来就是喋喋不休的逢高空短线空，我的鸡蛋期货群也有一位原来推荐大家做“火箭蛋”的现在反水了，让大家 30% 的仓位在 4300 开空 09 合约，我今天再次阐述我的“火箭蛋”观点，他竟然予以否定：“09 合约还‘火箭蛋’？4200 上面空间在哪里？”附和他的群友还挺多。

我忍不住：“‘火箭蛋’是鸡蛋的特色之一，是鸡蛋期货的主要周期之一。这几年咱们在这里白讨论了，你们都不承认了哈。实践是检验真理的唯一标准。哈哈。咱们对赌上了，看看鸡蛋期货的‘火箭蛋’季节周期是不是能被消灭。”

有意思。我成了对立面，群里 140 多号人，竟没一个人站出来支持我。

有群友总结道：“看来大家都看空啊。”

我不服，立即说：“我是异见。”

我创建的鸡蛋期货群，我作为群主负责任地宣传了三年鸡蛋的季节周期“火箭蛋”，现在反倒成了孤家寡人，被群起而攻之。哈哈。这也好，促使我提高警觉，万一大资金真的蛮干，真的打破了鸡蛋期货的“火箭蛋”规律，我怎么办？

后面一个关节点一定要密切关注，择机操作，就是现货“火箭蛋”发射后，看看期货 09 合约如何走。如果不涨，那就要出局了。

估计那个时候 09 合约怎么着也得在 4200 吧，我还能赚 100 点。

09 合约空头老大是招金期货，前一段日子最大持仓曾经达 8000 手，前几天缩减到 5500 手，今天又增大到 6000 手，仍是多空双方前 20 名的最大持仓。空头老二才 2500 手且是双向同量持仓，而招金期货是单空持仓，更是不得了。这几天 09 越过三个月来的震荡上沿 4150，上到新的高度，鸡蛋期货群里有人说招金期货这头肥猪被多头群狼咬住了。

我很好奇招金期货到底是怎么思考鸡蛋的，我也知道招金期货只不过是个交易平台，具体做鸡蛋空头老大的不是它，而是它的客户。我想到它的网站搜寻有没有看空鸡蛋期货 1809 合约理由的蛛丝马迹。没搜到，关于鸡蛋期货的分析倒是有去年六七月份的。

在它的网站里漫游，看到了居间，随意读读，想这些居间拉来的客户怕是多数都是赔钱的。又想，到网上搜搜，看看居间让客户赔钱的故事倒也有意思。

这一搜，搜到了居间的佣金提成，或叫手续费返还。我 22 个账户有 5 个是外地不同公司的，其余 17 个是北京一家期货公司的，除了一个最小账户 3 万元钱的朋友是自己早就开的，再除了我自己的，余下的 15 个账户都是我介绍过去开的。我是不是也可以争取一下手续费返还啊？研究一下。

研究到了，介绍 4 个客户就可以做居间，客户账户有 10 万元钱就可以手续费提成。

哈哈，我条件都够啊。账户 10 万元钱以上的占多数，合计有 300 万元呢。

立即想，我这不是成昧钱的了？卑鄙啊。我不是那般自私自利之人，我不私吞，我可以把返还的手续费按照各个账户的资金所占总资金的比例给账户主人分手续费，让他们多一分收益，皆大欢喜。

但马上否定了这个事情，我要把人家期货公司逼上窘途吗？

期货公司靠手续费吃饭，而手续费又要靠交易得来，频繁短线交易、日内交易、高频交易，才是期货公司的衣食父母。我这一年交易三次、一次持仓好几个月的，那点儿手续费早把期货公司饿死了，我还想从中分一笔？我都能想象联系我的张经理那可怜的面庞了。人家能给我提供正规可靠、安全快捷的交易平台，能容忍我好几个月才交易一次，已经算是很好的服务了。我还是应该体恤人家啊。

说到那 17 个在北京同一家期货公司开的账户，其中，资金最少的张老师早就开了账户，他爱人是我们单位一位女同事。2016 年 9 月，他听说我做鸡蛋期货颇有心得和长进，就把他的账户交给我打理，说他在别的学校也讲证券期货投资，深知难以赚钱，如果能每年从里面赚到 10% 就是了不起的效益了。今天闭市半小时后，他跟我联系说：“我另一个账户明早亟须追加保证金 2000 元，我明早有课来不及注资，故先从你管理的账户抽取 2500 元，特此告知。谢谢！”

他都是自己操作期货账户进出自己的资金，用不着我操作，只是，现在已经闭市了，应该不能再转钱了。晚上可以试试，但是我从未晚上转过钱，不知道是不是行。

他说，刚刚他进账户试了试，报错。晚上再试吧。

张老师的情况令我吃惊，他怎么就让期货公司通知补交保证金了？而且时间这么紧迫，第二天早晨开盘前就要补足。

通知补交保证金是风险失控的表现，一个理智的交易者是不应该出现的，也许张老师平日里授课忙，交易也少，疏忽遗漏了。

我庆幸自己从未遇到过这种险境。我如果遇到，那就是把 22 个家庭拖进险境，也让 21 个账户的主人不知所措，他们哪里知道保证金规定？期货公司通知他们，他们一头雾水，然后再问我咋回事，最后再急慌慌打钱进入挂钩的银行账户，再让我操作期货账户转钱进来，等这一切操作完毕，那边期货公司早给强制平仓了。

我也欣慰。张老师从我这里转走他账户 2500 元完全没问题，他总权益是 3.8 万元，比他本金 3 万元增值了 8000 元，现在持仓是 3 手鸡蛋 09 多单，剩余保证金是2万多元。从这些数字，他能看出我的能力。

6月底，现货预料不到地连续凌厉下跌，上海从3.56元跌到3.27元，北京从3.66元跌到3.32元，都有10%跌幅了，超出了大家的预料。我甚为不安甚至恐惧，我怕09空头借势大力打压，我的利润又是大幅缩减。突然感觉，我这鸡蛋期货也是很难做啊，我的美梦是不是要破灭啊？

心情烦乱。

整整思路，想想退路。

现货还有“火箭蛋”吗？答案是应该有。现货“火箭蛋”能发射到哪里？能到至少4.50元啊。期货09会跟随发射“火箭蛋”吗？应该跟随啊。09会发射多高？即使到不了4500也应该到4400吧。

想起网络里做鸡蛋期货的那位不认识的知己——“迷你小散”，他说他持有鸡蛋期货仓单往往能拿几个月。他应该也是在做多2018年的09合约吧，他会怎么处理？他一定是坚定持有多单啊。

我应该学习他，也应该坚定持有啊。

那么好，就定下两个策略：一是在现货“火箭蛋”启动之前如果09合约跌破均线我也不出局，继续持有多单，死扛。二是等现货发射“火箭蛋”之后如果09还不涨，我再彻底出局。

这样，就既不会错失“火箭蛋”，也不会发生2017年01空单死扛的致命错误了。所以，当09合约几天中逐渐探低探到4150时我也安心了，随你。

6月29日，周五，09合约继续探低。我坚信期货总是要充当现货预期的角色的，但是料不到哪天突然发挥作用体现这种预期，今天又是。下午1：30开市，多头突然发力开拉，空头也不示弱，增巨仓1.5万手涨到4230，重返这一周多的平台。闭市后查看持仓，空头老大招金期货减仓1200手。好，空头主力撤退呢。

这不仅让我欣慰，更让我增长了信心，我干吗非要在 4299 平多止盈啊？09 主力这么折腾，铁定不是到 4300 就结束的。我受够了他们的折磨，一定要让他们赔偿我利润，我完全可以高打三四十点止盈啊。

呵呵呵，脑子热了。不过，高看三四十点，不还是散户格局吗？

6 月 28 日夜，足球世界杯有趣，日本负于波兰，但仍以公平竞赛分数高（黄牌少）而力压塞内加尔出线晋级。在比赛最后几分钟，日本队为了保持输球不再增加和黄牌不再增加，在后场反复倒脚拖延时间。这个拖延违背了公平竞赛原则，但是却可以靠着黄牌少以另一个公平竞赛标准获得晋级。哈哈哈。问题何在？就是拖延时间这个事情没有具体数据可以衡量，倒几脚算技术要求？倒几脚算拖延时间？这个没法衡量，国际足联只好视而不见。

其他领域这种矛盾相辅相成的也很多。

期货一般原则第一条就是顺势，不能逆势，不能死扛。我做多鸡蛋期货 09 合约却必须死扛，今年尤其是，否则有四次大跌大涨，我大跌止损、大涨追多就会赔个底儿掉。这是有趣的矛盾。扔掉期货的第一原则，反倒能从鸡蛋期货里赚钱。这里的关键点或者特殊性就是，鸡蛋现货八九月肯定是大涨的，鸡蛋期货追随现货也一定会涨，之前的下跌都是空头陷阱，不能明知而往下跳。

周末入 7 月，现货不停跌，忧心。

北京周六又跌，到 3. 21 元了，跌破了 4 月以来的最低点，距离春节后最低点近在咫尺。

忧心在，如果跌破春节后最低点，则“火箭蛋”涨幅也就不敢再有 4. 50 元的充分预期，也就对 09 合约的多头主力有心理压力，这不容小觑，甚至是釜底抽薪。

越想越怕，如果现货大佬们突破以往年份的习惯，后续跌幅超过春节后最低，跌破 3.00 元，甚至跌到 2.00 元多，那么 09 合约现价 4200 就失去了根基。如果随着现货逐级下跌，09 也跌破均线，我还死拿着多单，必然凶多吉少。

保全的办法，只能是一方面看现货是不是跌破 3.00 元，另一方面看 09 合约是不是随着现货而跌破均线。如果两方面都是，那我就必须止损或者止盈出局。

09 多头主力比我着急。我的持多成本低于他们 100 点呢，只要现货没有跌破春节后最低点，他们就有充足的想象力讲故事、做行情，我也有冲高平多的机会。从这个角度看，耐心等候是对的。

周日，青岛稳住了，上海稳住了，3.20 元。北京却又跌了 0.18 元，跌到 3.03 元，一步达到了春节后最低，4 月以来呈现的强势轰然倒塌。

不过，还属于曾经预料过的情况。原来设想的也是四五月反弹之后现货重新回到春节后最低，即使如此，“火箭蛋”发射高度 50% 则到 4.50 元，发射高度 60% 则到 4.80 元。

想起 2016 年，现货最低到 2.80 元，09 合约最高“火箭蛋”是 4300。现在要关注北京现货是不是还跌，跌到 2.80 元；如是，则 2018 年 09 最高也就是 4300 了。看看这个周日晚上所报的青岛、上海周一价格是不是稳定在 3.20 元；如是，则北京现货也难以继续下跌，警报可能就此解除，09 还可能涨到 4.50 元。如果青岛、上海稳不住，那么北京就有可能领着下跌到 2.80 元；如是，则 09 最高价就不要指望到 4400 了，明天 09 在 4230 左右就应该平多止盈了。别再幻想，如果明天来不及止盈而 09 直接回落，则可以再等等，即使北京现货跌到 2.80 元，则 09 还有震荡回弹的时候，届时再逢高平多止盈也可。

现货连续大跌出乎意料，鸡蛋期货群里的反应更加出乎我的意料。一位好几个月来一直看空而诅咒现货蛋商维持蛋价，骂他们是“蛋霸”的群友竟然说：“现货落得多，期货不一定跌，也就一个低开。现货跌、期货涨的情况也很常见，有次也是现货大跌 1 角，期货低开拉涨停。明天还可能大涨，是不是要杀进去?”有群友附和：“现货落只是对应近月，不影响中秋价格预期啊，所以对 09 合约不一定有影响。现在是等着抄底，不敢空。”

呵呵，我的信心反倒让一直以来的对手鼓舞了。

各地现货报价群分析说，北京大洋路 3.70 元的时候是 10 车货，现在还是 10 车货却跌到 3.00 元。现货大佬这么砸，就是为了逼迫养鸡户淘汰老鸡，同时低价收货存冷库，为中秋节“火箭蛋”制造条件。再熬过 20 天，大把赚银子呢。

周日晚上报出明天（周一）7 月 2 日的青岛价格，才稳了两天就稳不住了，继续跌，3.15 元，给我一个打击。

现在的形势很明确了。后市不敢高看，4300 必须判断为顶部了，所以必须采取两全策略，一是逢高平多出局，二是跌破均线平多出局，不能再犯 2017 年死扛 01 空单的主观主义致命错误。老天爷不让我多赚我也没办法，就如对冲，老天爷让我多赚也不是我的功劳。

忘年交哥们儿跟我商量如何处理 09 多单。我说：“我是有些慌张，其实定好下限等着就是，逢高出局更好，但是又被折磨得实在受罪，要不干脆明天挂单 4210 出局算了。那年，2016 年在 4210 出局还算高明呢。”他说：“行，听你的。”我说：“好，那就这么做。不操心，不费神，不难受了。反正是赚的。现货周末这么大跌真是料不到，我们的策略也只能改变。操作没错。”

上海报价倒是稳住了，3.20 元。但是我的策略不变了。

夜里还是辗转反侧，怕 09 合约涨到 4300，怕少吃几十点利润，主要是怕老崔再对我口诛笔伐。

早晨看到北京现货稳住了，3.03 元没再跌，4210 出局条件稍微宽松了。

发日记？写好的是两手准备，或者现在的位置平多出局，或者等跌破均线出局。怕这么发出去触发老崔的均线神经，便作废重写，题目是《想起对冲的侥幸获利》。以那个万幸来辩护这次的不幸，老天爷是公平的，不会永远眷顾一个人。既然对冲时老天爷可以恩惠我们，那么现在也可能赐我们一次大亏；既然现货在不该跌的时候连续大跌，冲破了以往下跌时间和幅度的规律，以往都是 7 月开涨，以往的 7 月多数都不会跌到春节后最低，那么“火箭蛋”规律即使没废，而高度也可能没有 600 点了。

这么写，老崔应该惊醒吧。

老崔还没看到日记呢，忘年交哥们儿已经感慨了：“李老师早！我担心的一天还是来了。我一直说‘火箭蛋’的规律迟早会打破，规律也太明显了，但凡有点儿策略的投机客都能做到！以后鸡蛋也不好做了！”

我心情沉重，鸡蛋不能做了，那是多大的损失啊！“火箭蛋”规律能打破吗？是不是有点儿变异但规律仍存啊？这波“火箭蛋”，最初 3900 点位留存的 09 多单获利能有 300 点，后面追高加多的只能获利 100 点，说明：09 合约绝对低位有规律，3800 以下可以逢低买入轻仓死扛，而追涨杀跌得不偿失，较高位置追涨进场的也要死扛才能有所盈利。

先这么简单总结一下，等后市悟过来再说。

2018 年 7 月 2 日，以集合竞价上个交易日的结算价自动填入 4202 提交后成交。半个小时后，09 合约增仓涨到 4274。都是天命，如果不是周末现货连续大跌，我是要拿着多单等到 4300 点以上的。但是后面又是缩仓下跌，最低到 4130，振幅 140 点。我既不是神仙也不是将军，如果没有集合竞价低打成交，我也肯定会错过 4270 的高位，也肯定会追着杀跌而逃跑。

“火箭蛋”战役终于结束了，也是胜利，但是距离计划收益相差较多，但总算是赚钱了。战果如下：

同事老张那 10 万元账户，元旦设立，3 月 30 日第一次战役结束增值到 12 万元。现在是 14 万元，增值了 40%。

我那个账户由于挪用，哈哈哈，出了好几万元金，没法比较了。现在是 21 万元，还欠着老婆 2 万元呢。

我弟弟那个账户，2017 年 8 月死扛 01 空单止损时亏损最大；2018 年初他又取走 10 万元买房子，持仓就少了一大块，赚得就少。现在是 25 万元，算上他取走的，合计是 35 万元，还比 2017 年最高时亏 4 万元。

全部 22 个账户总金额：

2017 年 5 月 16 日最高是 384 万元。当年 8 月 7 日死扛 01 空单止损后是 276 万元。

2018 年 3 月 30 日第一次战役结束是 366 万元，比 2017 年空单止损后的金额增加了 90 万元，增长率为 32%。但是尚未达到 2017 年最高时金额。

现在，2018 年 7 月 2 日第二次战役结束是 419 万元，比“火箭蛋”起始时的 366 万元增加了 53 万元，增长率约为 15%；比 2017 年 01 空单死扛大亏时增长了 143 万元，增长率为 51%；比 2017 年最高时增长了 9%。

做这波“火箭蛋”心路之艰辛，一个字都不想再说。

可以说点儿令人欣慰的。平多离场两天后，7 月 4 日，我同学班长老婆来话了：“我刚看了一下我的期货情况，你已清空了。我现在账面值是 13.6 万元，不到一年时间，这个成绩我认为不错了。”

“哈哈，你好啊。我是前天清仓的，今天刚刚又开空了 01 合约。做这波下跌，再给你赚个三五万元。”

“我一直也没有幻想翻多少倍的事，能这样就很不错了。”

“2017 年就是 01 合约死扛大亏。2018 年取消了死扛，不会再有危险。”

“希望好运。”

“好的，我按照正确的规则做，不会有致命危险。如果有赔钱的，那就是概率应该赔的，不是大问题，是赚钱的组成部分。”

“做期货太不容易了，风险确实很大。”

“99%赔钱，因为里面每天都有赚钱机会，没有几个人愿意放弃。但是每天的机会多数是陷阱，久而久之就是赔钱。我是坚决不做短线的，一年只做几次，保证赚钱。”

“那你就是摇钱树了。”

“是的，摇钱树、聚宝盆。”

“那我每年都从你这棵树上摇几个果子吃吧。”

“放心吧，每年翻倍。”过去跟她说一年至少翻两倍看来是吹牛了，但是翻一倍是没问题的。

翻倍是不错，只是基数不同，翻倍结果也不同。我把也给同事老张做鸡蛋的事情告诉她了：“元旦设立账号，入金10万元，现在成了14万元。”

“啊！他怎么赚得比我多啊？”我本想再吹一个牛，没想到她是这个反应。

是啊，我也纳闷，都是年初操作啊，结果不一样？后来才想明白，老张设立账户晚，躲过了前面的赔钱操作。其他账户都是550点价差进场，对冲95却遇到价差缩减到300点，浮亏250点。老张开账户的时候，其他账户还在对冲95的浮亏中呢。

2018年7月24日后记：

今天09合约跌到了4030，“火箭蛋”的合约竟然如此，出乎预料，不可理解。如果当初没有在4200止盈逃跑，则又是抹去利润将近 200 点，几百手就是成百万元了，又是一次侥幸。

季节周期起始阶段可以坚定信心坚守仓位，但是末尾时，真是要撤出来啊，谁知道怎么走啊。

今年两次侥幸，每次都是利润差点儿被抹去一两百万元。后怕。

人家分析，09 合约之所以这么大跌，是因为今年中秋节是 9 月 24 日，一般地中秋节前半个多月现货就到顶了，就开始下跌了，那时的现货不可能在 4.20 元；还因为交割的主动权在空头，可以选择 9 月份的任何一天交割，他们高位套保的空单完全可以选择 9 月后半月价格低的时候交割，从而威慑 09 多头。而 08 合约就是完整的“火箭蛋”，从 3 月末最低 3650 涨到 4300 涨了 600 点，但是它持仓才 1 万多手，根本容不下我四五百手的持仓啊，更别说大户庄家了。

# 第六部分

# 重登征程第三战：2018 年七八月份做空 01 合约

每年三个计划中的战役，现在进入第三战。01 合约在中秋节之前提前反映现货“火箭蛋”之后的坠落，所以做空 01 合约。

# 第一回　未雨绸缪再思索，01 合约如何空

现在是 2018 年 5 月末，距离做空 1901 合约还早得很，是因为那边 09 合约“火箭蛋”已经定型，不需要多费心思，可以对 01 做空，未雨绸缪早做规划。可参见图 6－1。

**图 6－1　鸡蛋 1901 合约 2018 年七八月“火箭蛋”的坠落和起跳**

老陈却早早给我做了定性：“今年无论怎样，你在 01 合约上都会出现不利。”

哈哈，怎么可能？

2017 年 8 月，我在 01 合约做空上犯了致命错误，大亏 30%，成了我做股票、期货史上从未有过的麦城。错在三点：一是开空形态不对，没有跌破均线便开空，属于摸顶抄底错误。二是时间不对，6 月便开空，太早了，后面七八月份现货有“火箭蛋”，01 一定会有所上涨的。三是错了没

止损，空单越套越深，最后恐慌了，顶不住了，这是规则性错误。

有了这个检讨，**改正了死扛 01 合约空单的规则，基本不会再出大问题**，最多是开空后上穿均线止损即可。

所以，2018 年再做空 01 合约，怎么可能再出大错？所以，我也有信心指导别人。

鸡蛋期货群里有朋友问我："鸡蛋多 09 空 01 可以吗，老师？"我说对冲连 95 合约都不具必然性，91 合约就更不具备必然性了，01 做空不急，到 8 月再说吧。

我外甥也问："09 合约涨到 4400 止盈后，是直接开空 01，还是反手做空 09？"我回答："等，到 8 月再做空 01。"

8 月是个大概时间，也许 7 月末就会有开空 01 的条件，就跟 2016 年 7 月 19 日一样。

5 月下旬，跟老崔探讨做多 09 合约轻仓可以死扛时，他说做空 01 合约可不能死扛了，2017 年就是死扛而大亏，应该完全按照均线来。我说是，01 要依据均线操作，不能逆势，不能死扛，轻仓也不能死扛。

还有一点，就是做空 01 合约不会再遭受做空 05 和做多 09 那样的蹂躏磨难，那俩战役都快把我整神经了。而 01 秋季空头走势时间短，速度快，现货没什么变数，一般半个月、一个月行情就结束了，赚钱相对容易得多。

进入 6 月中旬了，01 合约的持仓却迟迟上不来。2017 年同期它的持仓是 7 万手，2016 年同期是 4.4 万手，2015 年同期是 2.3 万手，2014 年同期是 6 万手，现在是 2.1 万手，是 5 年中最少的。

前几天，大连商交所提高每个户头的持仓限制从 300 手扩大到 600 手，意在吸引资金炒作鸡蛋，在 01 合约上没什么作用。

有鸡蛋期货群里的朋友说："鸡蛋期货要死了。"

这个可能言重了。

持仓上不去，说明多空双方没有什么分歧，如果向上大肆炒作，则会有空头大鳄进场对峙；如果向下大肆炒作，则会有多头大鳄进场对峙。现在不上不下，不是“火箭蛋”大涨时期，也不是“火箭蛋”之后的回落时期，多空没什么矛盾，所以也就难以形成对峙状态。另一方面，鸡蛋期评一致认为“火箭蛋”之后鸡蛋会大幅回落，下半年会严重供大于求，这也使得01合约的预期是向下势头更大更长。

我反正还在09合约上耗着，那边的战役还没结束，这边也不用着急。

6月20日，在09合约继续上涨到4200时，鸡蛋期货群里有期货公司的朋友说：“它涨到4300可以放空，然后等到8月底，它能跌到3800。”有群友点赞：“妥妥的。”我发言：“等4300空09，不如等着8月空01，那是每年三个战役之最后一个，更加稳妥。”我有话在心里没说出：“09最终要跟现货接轨，如果现货到8月底是4.50元甚至以上，那么在4300空09没什么赚头。空09效益是不确定的，而届时空01效益才是确定的。”

还有一点也是我的原则，就是季节性趋势做完一波就离场了，不再做这个合约。例如，09合约“火箭蛋”行情做完了就离开它了，不再做，只等着做01合约的季节下跌，这就保证我的利润不再流失，一波一波从新的几乎百分之百胜率的季节大趋势里积累利润。

但是老陈说，2018年01合约空头更难做，目前3900的价位，上下200点儿都难。

我不敢苟同老陈的观点。历史上，2014年中秋节前01合约高点是5000，中秋节后跌到4400，跌了600点；2015年中秋节前高点是4350，中秋节后跌到3600，跌了700点；2016年中秋节前高点是3900，中秋节后跌到3230，跌了600点；2017年中秋节前高点是4600，中秋节后跌到4000，跌了600点。其中，最低的是2016年，高点是3900，跟现在一样，那么即使2018年“火箭蛋”没01的份儿，01也不是四年来的最低。如果在做

“火箭蛋”时期内，01 也多少涨涨，那么它就更可以做空了。

最重要的不是点位，而是季节平台，不管它是 5000 还是 3900，都要在中秋节后下跌。

再一点是，期货讲究的是重势不重价，价格高低不是操作的决定因素，势头的起点才是决定因素。散户总是被价格高低困扰，自己设置很多限制，高了不能做上涨势头，低了不能做下跌势头，这种思维每每错过行情。例如，2017 年 6 月 1 日，09 合约启动“火箭蛋”，我考虑到它升水现货 1400 点太高了，涨不起来，便没有参与做多，结果它从 3400 十几天工夫涨到 4000。又如，2017 年 10 月初，01 合约中秋节后回调完毕开始反弹。我认为它升水现货 700 点太多，不太可能弹起来，就放弃了做反弹的计划，没有参与做多，结果人家涨了 200 点，我完全可以跟进赚个 100 点就出局的，很可惜。还有 2018 年春夏这波“火箭蛋”，很多网友认为 09 价格 4000 太高，“火箭蛋”没法发射，都认为要跌到 3800 甚至更低，结果希望落空，09 主力多头四次力挽狂澜拉回期价，最后人家涨到 4270，至少 200 点利润很多散户是踏空了。

## 第二回　空仓等第三个周期，绝不旁骛

那边第二战役结束，这边第三战役还没开始，空仓中。

此时资金闲置，便蠢蠢欲动想在别的品种里找找机会。

可是，又告诫自己守住自己的鸡蛋这一亩三分地。

矛盾在哪里？是不是我的思维逻辑有问题？我的规则对鸡蛋有效，别的品种就不能赚钱？

需要理清思路，弄清关键点在哪里。

首先，中长线才能赚钱。短线有赚有赔，但长期是赔钱，中长线趋势才具有可持续性，原因就是短线的趋势很多都有随机性，不可靠，去追求不可靠的随机性的趋势，那操作本身必然就成了随机性，不具赚钱的必然性。基金和散户多数都是赔钱的，散户99%都是赔钱的，盖因如此。顺应大势，这是赚钱的第一法则。不管是啥品种，橡胶、螺纹钢、铁矿石、豆粕、铜、PTA，不管是什么，都要遵从这个第一法则，要顺应大势，顺应大势在所有这些品种里都可以赚钱。只是，这个大势在这些长周期品种里更多时候不出现，形不成大势，而是震荡，反复震荡，让追逐大势的人左右挨巴掌，这正如俗语所说："做趋势的死在震荡里，做震荡的死在趋势里。"这就使得很多投机者以为既然大势不是那么容易形成的，那就做小势，做短线，多少还是能赚点儿的，从而固化为短线思维。

正是这个弊端，难以顺势，让我舍弃其他品种而专注于鸡蛋，因为鸡蛋每年有三个季节周期，时间固定，趋势固定，方向固定，涨跌幅度大致

固定，只要按照季节大势进场，坚持中长线持仓，不怕震荡，最后都能从趋势中获利。循环往复，年年如此。

这就是问题的关键点，顺应大势所有品种都能赚钱，但是鸡蛋更容易顺应大势。

我不能去做其他品种，就是因为这次进去后不一定是赚钱的，很可能要止损出局，很容易赔钱。与其做这样不确定性的投机，就不如等着鸡蛋 01 合约均线与季节下跌周期共振，跌破均线进场开空，百分之百地赚钱。

## 第三回　2018 年 01 合约走势特弱

大家都不看好中秋节后的蛋价，所以 01 合约今年走势极其孱弱。例如，从 2018 年 5 月 18 日到 7 月 2 日，01 从 3860 涨到 3880，只涨了 20 点，而 09 从 4120 涨到 4220，涨了 100 点。

09 合约“火箭蛋”也是到头了，即使后市现货强烈反弹，09 也多半是在 4200 震荡。而 01，有可能从今天起就走入跌途，它大跌 80 点，跌破了 60 日线，但它是增巨仓下跌，说明多空分歧严重，后市现货如果开始“火箭蛋”，它会反弹的。

历史上四年 01 合约最早的下跌日子是 7 月 19 日，最晚的是 8 月 24 日，两次在 7 月初跌破均线，但三天后都证实是空头陷阱。我希望 01 下跌日子能拖到 7 月 19 日之后，那就可靠多了。

因为 01 合约 2018 年没有“火箭蛋”发射，是平台下跌，这就开始季节下跌，时间有些早，所以不敢跌破均线一根 K 线便追空，可以等五根再说。或者现货反弹 09 反弹而 01 不反弹，则说明 01 跌势坚决，也可以进场开空。

或者依据另一个条件，最高跌下来 200 点，开空胜率 80%。历史上四年，2014 年顶部跌下来是 200 点开空，2015 年顶部跌下来是 180 点开空，2016 年顶部跌下来是 270 点开空，2017 年顶部跌下来是 250 点开空。先有 200 点跌幅，再行进场做空，十拿九稳。所以，这次 01 顶部是 3980，跌到 3800 就可以开空，即使 3700 以上开空也算合理，现在才

3860，还早。

价格条件和时间条件中，时间条件为大。对于不到 7 月 20 日的下跌都要多一份警觉，应该等五根 K 线再说。

# 第四回　01 合约的确定性与不确定性

01 合约现在的确定性是肯定有中秋节后下跌行情，这是季节规律。2017 年它走势很强，一直涨到 8 月 20 多日，远远超出历年期限，让我和小伙伴们怀疑中秋节后的下跌规律是不是还存在，最后它还是下跌了，给我们结论："火箭蛋"后的下跌规律具有客观必然性，主力能做的只是拖延开始周期的时间，并不能消灭周期。

2018 年也应该相信这个规律。

那么它的不确定性呢？还是何时开始下跌弄不清，可能早，也可能晚。尤其是 2018 年，根本就没"火箭蛋"表现，是等着后市现货反弹时再表现还是彻底不表现了，谁也说不准。从 7 月 2 日出乎预料的 01 大跌看，2018 年主力可能是提前往下做，过去拖延半个月开始周期可以，那么现在提前半个月开始周期也可以，这是主力可以发挥主观能动性的唯一领域。空头也许正是利用看似不可能的季节下跌起始时间过早而吸引对手盘，让多头渐渐入套，等待时机一网打尽。

这个不确定性会令急于做空的投机者后市反弹时止损或者入套，也会令想做"火箭蛋"的投机者进场开多而可能长期被套，也会令短线客随机性获利或亏损。

这么多不确定性的恶果，我一定要避免。耐心等待，等确定性来临，即等待均线与季节周期的共振，等五根 K 线。

# 第五回　2018 年 7 月 4 日，开空 01 合约 1/3 仓位

7 月 4 日早晨，青岛和北京现货都开始回升，青岛从 3.15 元回升到 3.22 元，北京从 3.03 元回升到 3.14 元，幅度都很小，但是预示着“火箭蛋”开始来临，后市将没有回落，将延续到 8 月发射“火箭蛋”。

这正是我急切希望的，因为期货 01 现在跌破均线两天了，如果没有现货回升刺激，我怕它继续下跌，让我为难：追空则时间太早，不追空则形态是空头。

今天开盘，先看 09 合约是不是追随现货反弹。如是，则 01 应该也反弹，但是 01 也难说，如果多空博弈空头意志坚决也可能不会跟涨。再看 09 如果不追随现货反弹，则 01 估计更加难以反弹。

均线与时间的矛盾，再次碰到这个难题。

开盘了，平开。没有上涨，没有增仓，现货的“火箭蛋”启动对这里没任何刺激，09 没反应，01 也没反应。

波澜不惊，预示着惊涛骇浪，后市，向下的，01。

我跟忘年交哥们儿商量：“如果今天 09 和 01 都不涨反而下跌，如果 01 尾市在 3830 一带，我们是不是应该开点儿 01 空单？10 万元资金开 4 手？”

他想了想，说：“行。”

我整理思路，今天开空 01 的理由何在？还不够五根 K 线啊。

第一，现货开始“火箭蛋”上涨而期货不涨，尤其是老大主力合约 09

不涨反跌，说明 09 现价已经反映了“火箭蛋”预期，不太可能大涨了，01 则更可以随着主力空头的意愿走弱。

第二，01 已经跌破均线三天，弱势尽显，过去两次在 7 月初跌破均线两天或者三天就起来了，哪里跌的再涨到哪里，而今年是第三根 K 线比第一根还低 70 点，趋势性下跌意味很足。

第三，从时间限制看，不到 7 月 20 日，离 8 月初还远呢，不经历“火箭蛋”高位震荡，这就开跌，可靠性不足，所以在 3830 一带不能多开空单。

如果跌破 3800 呢？那就应该开空更多仓位。

但是一定要等到尾市，盘中变数太多，09 合约现在又是增仓下跌，根据这两个月的习惯，很可能下午 1：30 突然拉起来，01 势必也会被带起来。

到下午 1：45，09 合约还没涨起，应该是不会重复惯例了。01 合约跌到了 3790，比上午计划尾市开空时的 3830 又跌了 40 点。没办法，追空也得开，便开始操作，账户多，计划开仓多，而 01 现在还属于小合约，怕我的成百手打下去，便慢慢开，都是主动性卖空，怕为了一两元钱成交不了最后反倒误事。老胡就是，总因计较一两元钱不能成交，就此错过行情，最后却少赚几千元。

有两点风险很清楚：一是现货到底“火箭蛋”发射多高现在未知。如果发射到 4. 50 元，则中秋节后下跌位置也就是 3. 50 元左右，冬季反弹一下也能到 3. 80 ~ 3. 90 元，这种涨跌逻辑，意味着现在的 01 价位 3790 不算高。二是时间有矛盾，下跌开始过早，不符合惯例。所以，只敢先进场 1/3计划仓位，如果后市要止损，那亏损小点儿。

没想到，才平多 09 合约两天，这就进场开空 01 合约了。

# 第六回　01 合约如何加空是个难题

过去 01 合约开空容易，8 月前后跌破均线便可以开够计划仓位，而 2018 年为难，才 7 月 4 日，距离过去四年最早的季节下跌日子还有十几天，这就跌破均线，不敢不开怕错过，又不敢多开怕是空头陷阱，后市如何加空费思量。

最好是在现价 3800 一带晃悠，挨到 7 月 20 日，那时我就敢满仓加空了。

如果反弹，也好办，只要在均线之下，我就可以逢高加空，一点儿一点儿加，不要一次加满，大不了多止损些仓位多些实亏。

最难办的是继续下跌，那追还是不追？不该追，就怕是可能的空头陷阱而过度追空，应该坚决等反弹。

# 第七回　01 合约空单注意别犯什么错误

最要紧的，就是别犯死扛错误。越过均线要止损出局，可以不开多但是一定不能不平空，不能跟 2017 年一样死扛，2017 年死扛致命，大亏 30%，把上半年赚的钱都赔回去了。01 合约必须遵循均线原则，上穿平空出局，下穿进场开空。

01 合约操作规则跟 09 合约不一样，01 到 12 月有可能涨到最高点，2017 年就是从 3900 涨到 4800，如果空单不止损出局，那真是要命。

而 09 合约做多时跌破均线可以死扛，因为 09 是天然多头合约，最终到 8 月底要跟随现货价格的，而现货价格那个时候是当年最高价，所以不担心 09 在 5—7 月一直不涨，只要价格在 3800 以下，那基本就是空头陷阱。

除了死扛错误，其他错误就没什么了，散户通常犯的毛病，短线、频繁操作、高抛低吸等，我是不会犯的，那些对我来说都是最初级的，犯了就是傻瓜。

到 7 月 6 日，这几天青岛现货价格回升强劲，但是期货并没配合，09 合约不涨，01 合约也不涨。等下一步北京现货回升，估计也会如此，大家都知道“火箭蛋”必将来临，而多头无力拉起期货，那么时间到了习惯性 01 下跌时期，就更难以上涨了。

但是这只是分析，不敢按照这个分析加多 01 空单。还得看市场，等北京现货真的大涨之后再看期货 09 和 01 的走势，如果那时候还不涨，就可以加空 01 了。

**我做鸡蛋期货的四个不同点。**

周末，我的鸡蛋期货群里发言热烈。一位高手群友说他操作鸡蛋在某竞赛里 2018 年获利 60%，年化收益率 300%，回撤只有 20%。很多群友表示赞美和钦佩，互相交流获利方法。

我没发言，我对他的操作不以为然。的确，各人有各人的赚钱门道，并不是只有我才赚钱，但是我觉得人家的门道我学不来。

那高手的门道就是四点：一是短线。二是摸顶抄底。例如，在 3 月 28 日逆势开多 05 合约，第二天吃个跌停板，但是敢于成倍加多。三是做非主力合约。四是做季节大趋势已经走完的合约之反方向。例如，3 月份淡季做 05 的多头，现在现货正涨做 09 的空头。

我恰恰是反其道而行之：第一不做短线，只做长线；第二顺大势，不摸顶抄底；第三，只做主力合约；第四，只做主力合约的季节大周期，做完了就等着做后一个合约的季节周期，如春季做空 05，夏季做多 09，现在做空 01。

因为我这么操作收益是不错的，胜率更高、盈亏率更大，不担惊受怕，所以我坚信自己这一套。

**美国基金赔钱的也挺多。**

上网搜索：美国基金赔钱。看到一本书——《对冲基金风云路》，是美国一位富有经验的摩根士丹利公司资深交易员创建自己的对冲基金的报告文学。一读，才知道美国基金赔钱的也挺多。证券和期货投机真是零和游戏、负和游戏，参与者多数赔钱，美国基金也不例外。

在这本书里，盈利年化百分之二三十就算绝对高手了。

想想自己半年赚到40%，觉得水平不低，但是仅仅限于鸡蛋，超出这个范畴，也是个赔钱货。而且，鸡蛋期货里也是风险重重，不制定正确的规则，不坚决执行正确的规则，就如2017年8月在01合约上的空单死扛，也会死掉，也如错失2017年4月的09下跌和6月的09“火箭蛋”，也是少赚很多，再如两年来没有见好就收地做空05和01，也是少赚很多。

投机是个危险活儿，每次操作都容不得随意，确定性是赚钱的唯一途径。

让鸡蛋期货认识我，每年定期给我送钱，我抱着那些账户不断增加的利润入睡，是多么惬意的事情。

7月9日，现货尚未上涨，09合约已经耐不住“火箭蛋”冲动，大涨，持仓缩减。

而01合约涨势很弱，持仓放大，说明多空对01的观点基本一致，多头不敢往上做，空头敢于逢高加空。

我持有01空单，内心里对它的下跌是希冀的，尽管空单很少，但下跌赚钱总是好事。然而，理智上我觉得01涨涨才好，在7月20日之前不要过多下跌，哪怕越过均线我止损出局，也最好是到7月20日之后给个机会我可以满仓进空，做足01的季节下跌。

7月10日，现货尚未启动“火箭蛋”，一旦现货启动则01可能也启动，所以多一份警惕是应该的。

# 第八回　2018 年 7 月 10 日，仓位已达 2/3

7 月 10 日，北京现货开始上涨，从每斤 3.14 元到了 3.26 元。这是好事，今天可以验证一下 01 合约到底是不是空头陷阱：如果跟涨，则可能就是空头陷阱；如果不跟涨，则不是空头陷阱的可能性又增大一分。

到下午 2：00，01 合约还是没涨反跌，增仓下跌，跌幅也不大，才 12 点，但是指向性很强了，昨天 09 合约大涨它都不涨，今天现货大涨它又不涨，两个多头力量都对它无效，弱势毕现，空头陷阱的忧虑渐行渐远。

我加了一些空单，特意比前几天开仓时间稍拖后十几分钟，免得正好加在低点而加空完毕价格升高。其实这是小聪明，没必要，成本多几元少几元都是随机的，根本不可能买在最低卖在最高，只要大趋势赶对了，几十点就都不是个事儿。

已经加到计划仓位的 2/3，10 万元资金加到 10 手了，也不敢满仓，距离 7 月 20 日还有 9 个交易日呢，谨慎为上吧。

忘年交哥们儿说："您真勇敢！"

我说："计划亏损 100 点，10 万元资金亏 1 万元；计划盈利 300 点，10 万元资金赚 3 万元。"

其实我也忐忑，还没修炼到将军层次。但是想到这个盈亏比，还是挺安全的，值得试错，也就踏实些了。

余下的仓位，等到增仓大跌时再加。

# 第九回 2018 年 7 月 11 日，几乎加满空单

7 月 11 日，全国现货蛋价全面上涨，青岛、上海都涨，北京接着涨，多头的快乐日子来了。

期货高开上冲回落，01 合约终究没涨，反倒下跌，一马当先。现货和期货 01 成了两股道上跑的车，相背而行。

这是第三个判断 01 空头趋势不是空头陷阱的标志了。第一个标志是 09 大涨 01 不涨；第二个标志是现货回升 01 不涨；第三个标志是现货连续大涨 01 不涨。

我跟忘年交哥们儿交流："01 多头忌惮，普遍认为中秋节后蛋价会大跌，并弱势直到明年春天，01 多头似乎心知肚明，不敢拉抬。所以，现在 01 的盘中态势是减仓冲高，意味着是空头散户平仓导致的上涨，而接着就是增仓下跌，意味着是空头主力主动进场下压。"

他不太赞同："嗯，屁股决定脑袋。一切以实际情况判断吧。"

我觉得不是因为自己有空单所以这么分析，说："多空仓位变化态势，我天天关注着，看出点门道。这个态势跟 01 合约一周来的弱势盘整是契合的。"

**关于 01 空单开仓量。**

忘年交哥们儿问："您的计划是 10 万元资金最终开空 01 合约到 12 手?"

现在已经到 10 手了。我说："我计划这次开仓多点儿，15 手吧。因为 01 过去趋势都是顺畅的，没有反复。"

他惊叹："这么玩命啊？"

我说："我算了一下，15 手扣保证金 7 万元，可以接受 100 点到 200 点亏损，我亏 100 点即认输出局，不怕。"

他不同意："今年 09 顺畅吗？以往都很顺畅。今年 95 对冲顺畅吗？最终价差都缩减到 200 点以内了。期货不怕一万，就怕万一。"

我心里一沉，只好说："是，是。再等等看，择机而动。"

他继续坦诚批评："一根长阳长阴就改变信仰了。"

是，他很谨慎。有时候似乎赚得少点儿，但是安全得多。

01 合约 7 个交易日以来一直在 3800 晃荡，多头无力，空头不攻，增仓渐渐增大，后市肯定要突破的。

可能向上突破吗？不可能，因为季节趋势是下跌的、既定的，多头想反弹一把越过均线再行季节下跌从时间上已经来不及了。现在都 7 月 11 日了，距离过去四年最早的季节下跌时间 7 月 19 日近在咫尺，而大家一致认为中秋节后现货蛋价将是弱势甚至延续到明年春天，也就不可能出现 2017 年那样 8 月强势延续到将近 9 月才结束。

空头发威，01 向下指日可待。

那么一旦向下突破，如增仓打压到 3760 一带，我就可以杀跌加空了。

但自己的分析也不敢相信，只能等待，就等着那一天，或者涨过 100 点止损，或者增仓打压破位时加空。

猝不及防。说话工夫，下午 1：30，01 合约突然大跌，破位，跌破了这几天的低点 3770，最低到了 3755。

我有些惶惑，这就来了？这就加满空单？时间太早了吧？

可是规则为上啊。

我只好挨个打开账户，准备尾市如果在3770以下就加满空单。前两次操作，第一次是在2：00开始开空，没想到2：30后出现高点。第二次有意晚点儿，到2：15才开始加空，结果还是2：30后出现高点。今天我更晚点儿，到2：30甚至更晚才开空。哈哈，没想到后面不是高点而是低点，比2：00多的时候低了20点。真是的，真是小人长戚戚啊。

我怕错上加错，皱着眉头赶紧追跌加空，几乎满仓了。

还好，尾市比我进空价又跌了20点，我还算幸运。

7月10日刚刚加空1/3仓位，总空单到了2/3计划仓位，今天就大跌，幸福来得太突然。

这才7月11日，我以为还得等9天才保险呢。

01合约每年七八月份下跌都很流畅，没有上穿均线的波折，空单拿着一波到底，大概到9月中下旬结束。所以，现在仓位已经基本开够，后市逢高补足即可，没什么可担忧、可分析的了，估计剩下的两个月不会再写什么，只待最后结算盈利，结束本书。

**高低500点止盈？均线止盈？**

过去四年，每年做空01合约都有高低500点见好就收赚到300点的形态。2014年高点是5000，低点是4400，高低600点；2015年高点是4350，低点是3600，高低700点；2016年高点是3900，低点是3300，高低600点；2017年高点是4600，低点是4000，高低600点。高低600点，见好就收，能赚到至少300点。

过去四年，每年都以均线止盈。2014年是高低价差400点，把头部去掉只能赚到200点；2015年是高低价差600点，把头部去掉赚到400点；2016年是高低价差450点，把头部去掉赚到250点；2017年是高低价差

450 点，把头部去掉赚到 200 点。一个利润 400 点，三个利润 200 点，不如高低 600 点赚到 300 点。

我原来的概念是高低 500 点见好就收，能赚到利润 300 点上下。今天细列数字，原来每年都是高低 600 点，赚到 300 点更为从容。那以后就以高低 600 点为准，适度提前，高低 550 点就止盈走人。

那么 2018 年，高点是 3980，高低 600 点下到 3380，提前 50 点，到 3430 就平空止盈。

外甥问我："啥时候止盈？"

我说："3430。"

他说："赚 300 点，但还是要灵活点儿，200 点也可行。见好就收，今年就沾这个光了。"

我知道他在担心什么，说："01 合约下跌每年都是，不用害怕规律没了，尤其是今年 01 早早开跌，也许跌幅更大。95 对冲规律没了，今年证实不具必然性。09 合约'火箭蛋'由于起点太高，3800，所以上涨幅度被限制了，不到低高 600 点，只有 450 点。但是 01 下跌早，历史低点 3200 也远得很，所以不必害怕跌幅小于往年。"

他踏实了："哦。"

几乎满仓后，还想逢高补足计划中剩下的空单。

连着两天高挂空单：第一天挂 3739，开盘后最高是 3730 没成交，最低砸至 3681，尾市反弹。第二天挂 3735，开盘后最高是 3728，探低回升，我的 3735 成了，最高到 3739。

没成交时我曾想，是不是撤掉单子按照现价 3725 打进去以确保成交？十元八元的根本不应该计较啊？又想，我低打 3725 成交了，后市再涨到 3735 咋办？现在对我来说，重要的不是赶紧补足空单，而是测试一下我的逢高加空策略是不是科学。从历史看，长阴之后是可以按照当天收盘价高出 10 元钱在后市成交的，我应该坚持这么做，看看是不是能成功。

成功了。这是统计的结论、实战的结论，也是耐心的成功。

现在已经彻底满仓了，在止损和止盈之前，再也无须打开账户。

补足仓位这天，我看到一位鸡蛋现货同时也是期货评论家的帖子，是讲鸡蛋期货 1901 合约的，这是当下网上唯一的评论这个非主力合约的："1901，笔者是坚定的空头。11—12 月在产蛋鸡存栏量将达到 2018 年的顶峰，2018 年消费本就低迷，供需平衡点下降，而届时 1 月春节备货还未启动，1901 进入交割期时，蛋价的确有'破 3'的风险！因此笔者认为，01 就是一个典型的空头合约。现在持有 01 高位空单的投资者将是幸福的，一定要拿好了。没有持仓的，稍有反弹就可以入场做空，下方还有充足的下跌空间。01 唯一的变数在于 8 月初中秋备货启动时，01 能反弹多高。个人认为，中秋备货行情在 08/09 合约上可能会掀起较大风浪，而 01 很难，稍有反弹就会吸引大批空单入场，从而打压行情的上涨。"

跟我观点差不多，不过我是从季节下跌角度看，人家是从供大于求预期看，反正结论是做空有理，那就权当我的信心支点之一吧。

又从网上遇到一位知己。

在期货论坛看到一位常见的散户讲自己这几年的期货经验。他从 2013 年开始做期货，从螺纹钢开始，到其他品种，林林总总，赚赚赔赔，联系到国际油价美元汇率大宗商品洋洋洒洒一大圈，最后悟出了一个道理，就是顺势才能赚钱。而其他品种顺势不易，好多年才来一次大势，总在其中折腾，便会在震荡中不断亏损。生命时数不长，不能消耗在那些震荡里，最后才确定唯有鸡蛋容易顺势，每年都是起点到终点，高低循环，势头频繁，容易赚钱。他写道，最初资金是 6868 元，现在做到了 100 万元。

哈哈，真是我的知己，难得啊！我忍不住跟帖：“楼主选中鸡蛋，我觉得非常英明。一是它独立，不受外盘影响，不用担心夜里睡不好；二是它有客观的季节周期，每年三个，抓大势，长线做周期，每年必能赚三波，多少而已；三是坚持只做鸡蛋，每年翻倍都可以。所以，楼主这个帖子是干货，遵从者寡是因为多数人不可能长线持仓等待大趋势，遵从者一定大赚，只要坚守鸡蛋的季节周期操作。但是，这几年从 6868 元赚到 100 万元我存疑，不可能有那么大的增值。”

我的怀疑很严重，甚至让我内心产生焦虑。人家这几年做鸡蛋能从 7000 元增值到 100 万元，年增值达三倍。我 2017 年 9 月修改规则后的计划也是增三倍，但今年实践证明了根本达不到，最多才一倍。对比人家，我的实际盈利水平根本不值一提了。

可能吗？我要不要学学人家的高超之处？可是一想起学别人的高超之处，我又充满恐惧，那些“圣杯”其实都是不正确的，我好不容易从迷途中返回，再重新走进迷途，那连现有的不令人满意的利润水平也做不出就倒大霉了，又白白耽误年头。

是不是又是配资机构编瞎话骗人的？还有期货公司、基金公司以及私募公司总是制造明星，一年赚好几倍，甚至还有说赚 2000% 的，蛊惑人心，把投机者带入歧途，企图找到“圣杯”，结果浪费很多年时间，赔很多钱。

楼主回话了：本金肯定不止几万元。6868 元是最初资金，后来又加，本金应该 5 万元到 10 万元以上。

噢，我一下子消除了焦虑。10 万元本金，按照我 2018 年的实际做法一年到 20 万元，两年到 40 万元，三年到 80 万元。我即使只有现在的水平也能达到，如果修正不足，不做 95 对冲，专心致志做 05 单向空单，见好就收，逢高再进空，应该效益更惊人。可见人家未必有更高明的操作，我重复我的赚钱做法即可。哦，不对，我 2018 年 95 对冲赚钱是侥幸的，属于幸存者偏差，95 对冲规律已经没了，所以这个赚钱的做法已不能重复。

这个帖子也进一步说明为什么多数散户都难以赚钱。跟帖的几十人，像我一样见解的没有，最多就是赞扬楼主善于研究、总结，甚至有好些人表示鸡蛋图形乱得很，根本没有流畅的趋势，根本没法做。我知道，认为鸡蛋无趋势没法做的都是短线客，而短线客正是给主力送钱的。

7 月中旬，华北、华东大雨，比往年都多；北京说是几天下了半年的雨，蔬菜价格大涨，鸡蛋也大涨，达到了四年来这个时间的最高价；上海都冲到了 4. 08 元，是从 3. 20 元起涨，让人惊叹“火箭蛋”这么早就来了？“火箭蛋”预计高度最多也就是 4. 50 元啊。

我则更多一份紧张。鸡蛋现货大涨是暴雨阻碍了交通，还是别的因素？如通货膨胀。这半年人民币对美元汇率下跌近 10%。如果是大雨，那么后面就该烈日炎炎了，蛋价自然回落。如果是后者，那么现货蛋价有可能在中秋节后回落不深便再涨起来，甚至跟 2017 年一样一直涨到年底，对应地，01 合约终极下跌位置也就不敢低看了，需要重新定位，也许这两天的 3600 多已经算探底成功了。网上有评论说现货到年底会“破 3”，所以我有些乐观过头，对 01 的下跌幅度甚至不想以高低 600 点为准了，甚至想高低七八百点都可能。其实，现在是现货大佬们博弈，01 多空大佬也博弈，谁也不知道现货到底如何，也就不知道 01 到底如何。我只能看均线了，跟着市场走。但是从时间上分析，01 这就越过均线来一波上涨是不太可能的，最大不利走势是反弹越过均线，然后待现货明朗后再跌破均线来一波几百点的下跌。如果出现那种怪异的走势，我也只能先平空走人，不敢主观，跌破均线再行开空，也不错过季节下跌行情。

想到的警句就是：客观为大，市场为大，均线为大。

客观、市场、均线，这一天真就给我威慑：01 合约反弹势头最强，重回 3740，比前天最低回升了 60 点，600 手持仓，就是 36 万元钱的浮利没了。持仓减少 2000 手，追高平空的人也不少，我的心也有失落。

立即想到另外两个警句，“短线随机，频繁交易难以赚钱，最终是赔钱的”“长线才有趋势性，做长线才能赚大钱”。

也是，如果总是盯着浮利，总想落袋为安，那就会丧失后面一两倍的利润。例如，过去四年，每年 01 合约起始下跌时总会有好几天每天都是 100 多点的震荡，我 600 手空单，就是 100 万元利润得而复失，受不住哪行？

01 合约这波下跌是个曲折过程，即使不回升过均线，即使我可以持空，也是个煎熬了。两个月呢，慢慢熬吧。

不可思议的走势再次出现，7 月 19 日，09 合约主力空头厉害，硬是增仓 1. 6 万手（增仓 15%）打压期价 50 点，跌到 4081。想到我在 4200 平多走人，想到我之后不敢再幻想 09 发射“火箭蛋”，想到现货“火箭蛋”高度不可能低于 4. 50 元，便感觉自己的老道之处最多是看不懂行情离场观望，而根本摸不清主力的思路。

更不可思议的是，09 大跌而 01 竟然不跌反涨，天然多头都跌，中秋节后的天然空头不跌？如果 09“火箭蛋”高度都存疑，那么 01 又如何高看一线呢？难以理解。

从持仓看，09 增巨仓下跌悖逆“火箭蛋”规律，应该跌不下去吧。历史上，四年都没有 09 上涨趋势末梢增仓下跌的，而 01 减仓反涨，说明空头主力不动作，也许是意在长远，先做震荡摊平参与者成本，也许是他们自己没底气，力量不济。如果也是增巨仓下跌该多好啊，趋势起点增仓下跌其跌势就可靠多了。

没有办法猜透主力意图。

自己只能坚持两点避免错误：一是对 09 合约，看着涨不起来就平多出局是对的，末梢行情不参与，看不准的走势不参与。二是对 01 合约，虽然我坚信季节下跌周期，但必须严格按照均线做：如果多头强势硬要上穿均线，我就必须平空出局。

对 09 合约趋势末端增巨仓下跌靠不住的判断是正确的，下午 2：00 缩仓开涨，空头转头追涨平空，跌 50 点变成涨 20 点，反而前面缩仓上涨的 01 合约没有继续大涨。

但最终尾市 09 涨了 4.00 元，而 01 涨了 40.00 元。在这番剧烈波动中，庆幸有鸡蛋的季节周期做主心骨，有“火箭蛋”之后蛋价必然下跌为预期，否则 01 空单真是拿不住啊。

但是我已经坐不住了，反复比较历史上以什么均线止损好，是小时线 80 均值好还是 20 日线、30 日线甚至 60 日线好？想既缩小亏损又避免频繁操作这是不可能的，只能选择一个稍大的止损位置以尽量避免止损操作。

稍感不那么慌张的是，01 是缩仓上涨的，不是筑底成功开始增仓上涨的样子，何况现在也不是上涨周期。

收市看持仓，01 空头大量减仓 700 手的又是招金期货，昨天它就大减了 600 手，它是期价 3800 上方的空头大佬，现在已经缩仓到几百手，应该是兑现利润了，可是利润也没多少啊，才几十点而已。总持仓前 20 名空头持仓大于多头持仓 25%，集中度更高，有利于下跌趋势，且今天空头是空单增加的，而多头是多单减少的，也揭示是其他空头大佬们借力打力，维持震荡，摊平参与者的成本，不给招金期货逢低平空抬轿子。

只要我这里不如意，老陈那边就必然开始训导：“你今日在一个户头 20 手空单就失去了 1.2 万元，其他账户呢？半年过去了，新户盈利都没超 50%。这次亏损可以不怕，最怕的是你没有进步呀！”我给老张元旦开立账户这事他知道，他以老张账户来验证我做期货到底成效如何。

以胜败论英雄，我现在说啥都是心虚的。

最要紧的是，我不能被老陈引入歧途，不能搞什么见好就收，不能乱了方寸，不能丢掉我的规则，否则将是一塌糊涂，资金不仅难以增长还将一泻千里。

其实哪个合约不是这样？什么时候不是这样？都是要在季节周期起始开仓后接受震荡的。05 合约的年底开空，09 合约的春季开多，都有反复 100 多点的震荡，2014 年和 2015 年 8 月做空 01 也有大幅震荡，只不过当时我没做没有感受而已，2016 年 7 月 19 日和 2017 年 8 月 23 日进场开空 01 后下跌势头比较流畅，也没有感觉到难受的震荡。

7 月 23 日重演前几天的恶心戏码，09 增仓大跌，01 不增仓不下跌，甚至时不时红盘。

我已经抱定了不到止损条件不止损的决心，谁知道主力玩的什么花招儿？01 今天不跌未必明天不跌，过去四年反弹突然下跌的情形可是出现过好几次。

不过这次 09 后来没有空头减仓反弹，而是多头减仓继续下行。

我相信 09 走势终究能抑制 01 的多头，等着吧，看最终结果。

老陈监督我很勤快，总能指出我的不足，当然都是过去完成时，不是现在进行时。每个人每次事前都有两种心思，而事后总有一种心思能实现。

但是他指出我过去完成时的错误我也是应该感谢的，我应该时常压一压自己的骄傲和焦躁，我如果能面对抨击而心平气和地阐述我的观点和理由，那么我也会信服自己。

这天他促使我检讨了自己的三种错误。第一种错误是规则性错误，如 2017 年七八月份 01 空单逆势开仓逆势死扛。第二种错误是按照正确的规则做而赶上了概率中的赔钱或少赚错误，如 2018 年 3 月 1 日我按照上穿 60 日线出局的规则平空了 05 而少赚几百点。三是规则没有囊括的形态我不敢操作而犯了少赚的错误，如 2017 年 3 月底没做空 09，6 月 1 日没做多 09。

坚守规则没错，实践没有证实我做空 01 的规则错了，那么坚决执行就没错。

接受震荡，不怕震荡，坚守空单就是规则内容之一。

7 月 25 日，01 反弹更多了，反弹到了 3782，正好反弹了 100 点，我的 600 手空单 60 万元利润没了。

但是有何办法？没办法。我的空单平空止盈不可能平在最低，重新进空也不可能进在最高，都是脑子想象的电光石火，一片乱想罢了。

回首这两年 05 合约做空，都能反弹 200 点，我守住空单浮利大幅缩减不在乎，照样最后大赚，每年都是。还有 01 合约做空，前两年也是大幅反弹将近 200 点，也都是过眼烟云，后面接着大跌，虽然我当时没做，但是历史图形看得清晰。

现在这点儿反弹算什么，还差得远呢。

不做行情末梢的合约是对的，这几天 09 大跌大涨，谁能把握啊。7 月 23 日、24 日大跌两天，跌幅 150 点，25 日、26 日大涨两天，涨幅 110 点，均线无从把握，而短线谁是神仙？

而 01 合约也反弹，但整体反弹最多才 30 点。所以，季节周期的主力合约初始阶段应该坚定参与。

但是 01 合约在 09 带动下还是走强了，走到了 3790，我不得不做止损准备了。

3820 是 7 月 4 日 01 合约之前连跌三天破位后到 11 日的震荡平台，其后向下再次破位，形成了向下的两级台阶，明显是空头排列，预示着天然空头合约开始了季节下跌。如果后市反弹在日线上能突破 3820，则应该是多头强势回归，对称的两台阶回升，就可能像 2017 年一样走一波上涨。

我估计不会出现那种涨势，因为图形已经是向下突破，因为基本面不好，市场从牛转熊，现货不会似 2017 年那般强势，01 也就不会。但是如果出现了，也只能认倒霉，日 K 线到达 3830，止损出局。

如果更宽泛点儿，可定在 3900，那就高于所有均线 50 点了，真到那时候止损怕亏损太大，随机波动是可能达到那个点位的。

也可以定为 3830 以上日 K 线两根甚至三根止损，更有把握一点儿。但是 2018 年 3 月初，05 合约在 60 日线上面震荡都六根了，我空单止盈了，但接着还是重返大跌，平空还是错了。记得当时我计划是 05 在 60 日线上再来一根长阳才止损，但是没胆量熬了。

也可以以最上面的均线止损，60 日线、80 日线，基本是 3850，比 3830 只高出 20 点，但是标志性意义更强。

标准难以拿捏准确，经常左右为难，但其实不是大问题，不管以什么标准止损，只要止损后条件满足再进场就行，不错过行情就行。例如，3 月 2 日平空出局 05 合约，5 日再跌破均线那就再进场开空也不会错过后面几百点的下跌，但是我当时全力做 95 对冲去了，舍弃了这边。

这次要按照规则操作，到条件止损，到条件再开空，以不错过 01 合约下跌周期为原则。

我这边计划止损，老陈那边便是看笑话："如果按照我前几天说的低位止盈，……"其实，他哪里说低位止盈了。再说，即使他当时说过低位止盈，我也不可能听他的，他那种做法和思维会陷入短线泥坑，跟散户的结果没区别。

老陈和老崔形成两个极端。老陈是灵活短线，老崔是机械均线，都不是做鸡蛋期货的正确方法。

可是，坚持正确的操作方法不是件容易事，而且除了季节周期和均线，干扰操作的因素挺多，如现货蛋价。

现在是 2018 年 7 月末，正是现货蛋价上涨周期，要到中秋节前 20 天，即要到9月初，现货蛋价才能开始下跌。而现货蛋价上涨，对期货01多头是个鼓舞和激励。

7月26日夜里消息，青岛现货明天接着涨，上海蛋价明天接着涨。这令我紧张，怕期货01借势冲过我的止损线3830，一夜在梦中为价格不安。第二天早晨，7月27日消息，北京现货更是大涨，到了4.04元，照这个涨势，“火箭蛋”冲到5.00元都不难，那么期货这边01的后市下跌幅度预期必须重新定位，现在的3780价格真就不算高了。

我把止损提到了执行警备等级，又从自己的理论层面对止损做了梳理，总结出三个基本点，作为27日的日记。

## 止损的三个基本点

第一个基本点，它是期货三原则之一，期货三原则是顺势、轻仓、截住亏损让利润奔跑。

第二个基本点，期货界俗话把止损的必要性概括成：到条件止损即使错了也是对的，到条件不止损即使对了也是错的。这反映了期货投机者的矛盾，刚刚止损完毕价格却回来了，白止损，白白亏损；而不止损反倒能赚钱，死扛反倒能赚钱。期货止损俗话就是让大家跳出矛盾思维，升华到高处俯瞰本质。

第三个基本点，就是现在01合约止损，我必须做出唯一正确的操作，去除“刚刚止损它又回来了”“低位再进空成本提高了”等忧虑以及对坚定持仓的懊悔心态。

止损的正确认知和操作，也是我区别于一般散户的特征之一。

有趣的是，这篇日记成了不合时宜的日记。

7月27日，意想不到的是，01合约高开低走，最高涨到3799，然后快速跌到 3750 一带，价跌、仓增、量增，空头开始反击了，增援部队也来了。

从日 K 线看，一阴遮三阳、一阴遮六 K，重回最下面的均线之下。从周线看，已是第四根空头排列，长线看空，加上时间已经到往年 01 下跌的时间 8 月初，空头趋势应该是无可逆转了。止损警报解除，这几天紧绷的神经彻底松快了。

我此时特别想让老陈跟我联系，哈哈哈。今天早晨他还挖苦我呢："浮盈变浮亏，仓位那么重，心情不好受吧？"

忘年交哥们儿说："不要骄傲，也不用回复，人家已经很伤心了。哈哈哈哈。"

到了周末，现货继续大涨，但是有了昨天那一出，我已经不慌张了。期货 01 再次下跌，不可能立即重新反弹了，即使现货真的涨到 5.00 元，01 反弹越过均线也将是两三周以后的事情了，而两三周后现货就该滞涨甚至回落了，所以 01 多头有强烈反弹的欲望也多半会夭折。

从这个角度分析，我的空单可以高枕无忧。

好在各地现货大佬们各做各的。青岛周末连续大涨，涨到了 4.44 元，上海稳定在 4.22 元，而北京竟然下跌到了 3.82 元，高低相差 6 角多，从未有过。

这也好，现货充分竞争，可以更好地反映季节周期，不至于太过火地发射"火箭蛋"，也能抑制期货 01 多头的想象力。如果现货真能发射"火箭蛋"到 5.00 元，那么 01 的回落预期也就得重新定位了，我做空 01 也会不安。

8 月 1 日，北京现货还是 3.82 元。而 2015 年 8 月 1 日北京现货是 4.00 元，那年是 9 月 27 日中秋节，最高价是 8 月 19 日的 4.50 元。2018 年中秋节是 9 月 24 日，现货最高价估计也是在 8 月末，最高估计超不过 4.50 元，对 01 空头是利好。

趋势末尾的主力合约震荡反复，无从把握，09 合约这两周大跌大涨，从 4030 涨到了 8 月 3 日的 4250，构成了高位 W 底。鸡蛋期货群里有很多做空 09 的，惊叹快到空单成本了，本来获利将近 200 点的。有位群友盘后遗憾地告诉我："09 空单平推了。"我也不知道他是追高平推的还是逢低平推的。应该也是难以排遣愤恨，带头做空 09 并看到 3800 而让大家长线持空的那位期货公司的业务员，在群里发了张衍生画，把 K 线图衍变成昂首狰狞的鳄鱼。群里一位高手解说："小散被咬死了。"我是不敢参与 09 的，既不敢多也不敢空，就怕临近交割月没了趋势性被主力随心所欲的剧烈震荡咬死。

09 合约大涨带起了 01 合约，双双缩仓 7000 手，毕竟季节下跌周期客观存在，01 多头有所忌惮，反弹多半是因为不坚定的空头出逃。

但是 01 合约价位重登 3790，100 点的浮利又被抹去，这是半个月里第二次抹去 100 点浮利了，600 手，两次 100 点，就是 120 万元利润没了。想起前几天我还嘲笑老陈，说余下的日子就是高枕无忧，睡觉数钱。现在为自己的浅薄而羞愧。期货就是这样，鸡蛋期货尤其是这样，震荡，上冲下突。谁知道震荡何时来，震荡有多高呢？不到最后落袋为安，真不敢说肯定会怎样。

我是长线持空，唯有一声叹息。

如此强势，我必须再次谋划止损。原来计划以 30 日线之上三根为止损标准，现在认为不妥，因为 30 日线现在是 3786，距离底部过近，低高才 100 点，随机上去待两天很容易，过去四年反弹都能达到 150 点。止损不如以稍高些的 60 日线稳妥，在 3840，如果上穿，那就说明这波下跌夭折了，基本面有变化，必须出局另行安排。

下午 1：45，风云变幻，09 合约和 01 合约双双回落。01 回落幅度远远大于 09，涨幅只有 09 的 1/3，小时线是长阴包长阳，日线是长上影；09 持仓继续缩减比昨天少了 1 万手，而 01 是逐步增加，从缩仓 7000 手变成了缩仓 2000 手，成交量也比这波行情最大的一天即前天的 4.6 万手增大了一倍，说明 01 是跟风反弹，空头掌控大局，无情洗盘，逼走浮筹，季节周期无改。

今天是个转折点，持仓 01 超过了 09，成为老大。加上 01 走势跟 09 也分道扬镳，以后 01 的独立性会更强，对 09 主力的折腾更可以蔑视了。

现在的矛盾，已经不是 01 跟 09 的矛盾，而是 01 跟现货的矛盾。

现货 2018 年形势严峻，借着多年少见的炎热天气，青岛、上海狂拉，已经每斤比北京高出 6 角钱，到了 4.60 元，距离 5.00 元近在咫尺。如果后市北京也涨，因为“火箭蛋”北京不可能只有 3.90 元钱，青岛、上海很可能就冲过 5.00 元去了。

这将对 01 合约定价产生决定性影响。

8 月 6 日，周一，01 合约涨势不错，重回 3780 一带。

说 01 合约持仓大过 09 合约便彻底没了 09 的影响也不对，今天 09 又是大涨，还是把 01 多头带了一把，让我心慌不已。

我计划好了，只要日线上穿 3830，我就止损。

这一年鸡蛋期货变异挺多：一是 2017 年秋季 01 合约一直涨到 8 月下旬，比过往三年晚了多则一个多月少则半个多月。二是 95 对冲规律没了，原来最后价差 700 点竟然缩减到 100 多点。三是 09 合约夏季上涨幅度大减，原来是低高 600 点，2018 年只有 400 多点。四是很可能是 2018 年秋季 01 的下跌，现在在常规下跌图形里却是反复震荡逐渐走强，上穿 3830 形成过去同期未见过的多头排列，把秋季季节下跌延迟到 9 月。这是因为现货“火箭蛋”涨势凌厉，刚刚进入 8 月已经涨到 4.60 元了，距离中秋节还有一个半月，距离现货常规不再涨的 9 月初还有 20 个交易日，现货冲过 5.00 元不难，比这几年的中秋节价格高多了。那么，01 的预期定位就要重算了。

01 多头的底气就在这里。8 月 7 日，现货没涨，09 下跌，却是 01 独立上涨，增仓上涨，多头很有劲。

最坏的前景就在眼前，必须做好准备了。

但是分析只是分析，不是市场实际，所以还得等。

## 第十回　2018年8月8日，全部空单止损出局

在欣慰与困惑中翻腾了一个月，最后还是止损了，常年惯例空头趋势继续的日子竟然空单止损了。前两天还说大局已定，只剩下睡大觉、数钱了，这就瞪大眼睛往外掏钱了。

01 合约狂涨，越过了 30 日线、45 日线、60 日线、80 日线，越过了 3830，越过了 20 周线。在这个时间段，在多数年份 01 下跌的周期里，简直把空头整傻了。

我是下午 2：00 开始止损的，22 个账户各先止损一半，剩下的一半尾市再说。操作完毕，2：15。看着多头还是很强，便将剩下的一半也止损，止损均价 3825，亏损 60 点。

尾市收在 3868，比我止损价高出 40 点，我松了口气。

啥都是客观的，啥都是必然的，我自己的意志无能为力，只能服从。当断不断，必受其乱，过去的教训让我心有余悸。

止损得到了鸡蛋期货群里网友的点赞。

老陈那边今天一看大涨便跟我联系，我以为他会讥笑我一番，还好，今天没有。

我自己觉得丢人，毕竟又来了一次亏损，但是又觉得不丢人，按照规则做，啥时候都是对的，即使后市显示止损错了也是对的。另外，2018 年 01 合约的变异根源有两点：一是几十年少见的炎热天气，鸡蛋现货价格涨势太猛，这才 8 月初，青岛、上海都涨到 4. 60 元了，比往年高出很多，后

面涨过 5.00 元轻而易举。二是人民币贬值，国内商品价格上涨，鸡蛋怕也是。这两个因素在 01 的 K 线图上没反映出来我就不敢止损，今天反映出来了我就必须止损。

不算账了，亏损的时候不想看账户，大概就行，每手亏 600 元，共计 600 手，大概亏了 36 万元，浮盈 60 万元变成了实亏 36 万元，里外里 100 万元没了。

01 合约越过均线我也不敢跟进做多，盖因现在是 01 的季节下跌周期，反弹多高是不确定的，也许能到 4500，也许今天高点 3898 就是顶，全赖现货涨幅，而现货到底涨多少也是不确定，也许真能涨过 5.00 元，也许现在青岛、上海的 4.60 元就是顶，何况北京价低 5 角钱，谁知道北京到底能不能涨到 4.50 元呢？既然都是不确定，那就应该避免跟进开多，即使现货和 01 真的还有一波上涨，我也宁可错过。

下一步是等着 01 合约再次跌破均线进场开空。现货在 8 月底或者 9 月初一定会涨到头，一定会开始回落，中秋节后下跌 1 块钱是常规幅度，那么 01 迟早也一定会下跌，这个毋庸置疑，只是不知道 01 反弹多高，所以先行出局是对的，后市均线与季节下跌周期共振时再开空就是。

对我的止损，老崔不会有异议，他是绝对的均线派。2017 年 8 月 21 日 01 合约涨到最高时他责问我：“按照均线是不是应该进场开多啊？”我愕然无语，23 日便大跌。

老胡不再理睬我，他知道我对他的短线思维不感兴趣，对短线操作十分反对。他便乐得清闲，看我为他赚钱就是。

倒是外甥还是门外汉，改不了的散户思维，又爱直话直说：“舅，既然你说后面 01 还得跌，那现在拿着空单呗，干吗止损出局？”

“止损是投机三大原则之一，不能违反，万一 01 涨到 4000 呢？”

他“噢”了一声，不再表示怀疑。

但是矛盾总是普遍的，正确的、错误的操作手法之矛盾也是普遍的。

有鸡蛋期货群友指点我："你 3900 再逐步接回空单。"

这个理念跟我现在的认知是矛盾的，跟期货的三原则也是矛盾的，2017 年的致命错误我一辈子也忘不了。逆势开仓、逆势加仓、逆势持仓，打死我也不敢了。

就怕追高止损空单却又立马跌下来，这是所有散户不舍得止损的根源。

还好，01 合约第二天接着涨，涨过了 3900，涨到了 3928。

我如果不止损，则增加亏损 60 万元，又是一年白干。

而且从感情上说，我空单止损出局了，便希望涨得越高越好：一方面显示自己的操作及时、准确；另一方面则是为后市做空涨出了空间。

从势头看，01 合约得在均线之上待个十天半月的了，到 9 月最好，待的时间越长，做空的犹豫越少。

现货分化越发严重，青岛涨到了每斤 4.66 元，上海是 4.61 元，而北京是 4.13 元，价低 5 角钱。

这对 01 合约定位继续造成困惑，按照青岛、上海 01 涨到 4500 都应该，而按照北京 01 现价 3900 都不低。

又到了权衡利害决定取舍的时候，我的选择就是空仓等待做空 01 合约。季节周期必然性，它就是真跟着青岛、上海涨到天上不也得下来？

我很难过，为了一位群友小强。

我在网上有些对鸡蛋期货的看法，他看后跟我联系上了。

他征求我的意见，我说可以在 3740 一带开空 01 合约。他照着做了，给我看交易截图，空单 16 手，权益 12 万元，可用资金 6 万元。

他说："我这 01 空单真心怕反弹啊。"

我说：“客观对待。长线是原则，接受震荡难以避免。”

第二天，他获利，平掉了 5 手。我还嫌他不遵守规则，说应该坚守长线。

他说剩下的 11 手做长线。

8 月 8 日大涨那天上午还没涨到 3790，他就判断：这周反弹到 3850 没问题啊。3850 平空止损吗？

我说：“做好止损准备吧，日线越过 3830 必须止损。”

他说：“我就挺着啦。”

我说：“别，一定要止损，必须止损。”我又加一句强调：“止损不可怕，死扛才可怕。”

下午 2：00，我一半止损结束后立即告诉了他。

他说：“嗯嗯，你的预测和市场大多数预测一样，我估计主力做多会有 500 点涨幅，从这波最低 3680 算起。”

那就是 4200 了，涨到 4200？那么我 3815 的止损就太对了。

他给我发截图，01 合约持空增加了 1 手，共计 12 手。

他懂技术，说：“3850 不是阻力。”

我不懂技术，说：“不计算那个，只按照均线来，过了就应该止损。”

下午 2：20，我止损了另一半，立即告诉他。他说谢谢。

可是两天后的早晨，他在群里说：“废啦，我完啦。”

他没止损，3840 没止损。昨天 01 合约最高涨到 3928 收盘在 3911，他的亏损增大了一倍。

我早晨本来要睡回笼觉，今天睡不着了，躺在那里为他着急难过。想起我 2017 年此时的险境和致命亏损，想起他现在寝食难安的心情。

我赶紧起床，对他说：“小强你好！看到你在群里留言，我很难过，你那天为什么不跟着我一起止损？”

他立即回话：“我估计 4100 能打住啦。”

“你宁肯扛 300 点也不止损，是完全错误的。现在已经没办法了，也许能涨到 4100，也许现在的 3920 就是顶，这个谁也说不准。你现在要准备好补充资金扛住。”

“没资金啦，就这些。扛着。”

“我 2017 年 8 月也是死扛，最后扛不住了砍仓出局，几乎致命。你如果实在扛不住了，到时候再止损出局一些也行。我还没遇到过期货公司通知补保证金的情况，不知道到底是怎么处理的。”

他没再理我。

我算了一下，他 12 手占用保证金最多 6 万元，总资金 12 万元，还剩保证金 6 万元，扛 600 点都可以，但是 01 合约再涨 600 点断无可能，我不用替他恐惧。我对他说：“你千万别逢高加空啊。一定要等到再次跌破均线才能加空，逆势加仓是错误的。”

这天 01 合约继续上冲，最高冲到了 3966，我再感庆幸。

但是冲高回落，尾市收在 3902，长上影实体阴线，比昨天跌 9 点，幅度很小但是意义很大。增仓增量不涨反跌，恰处季节下行周期，如此图形后市看衰，至少是震荡加剧再涨很难。

我是矛盾心态。一方面，希望涨高了后市跌起来才更可靠，我届时做空赚得才多；另一方面，希望别涨，因为我没有追高，真大涨了岂不显出自己的窝囊？

**逻辑不清，均线遵行。**

周末，也进入 8 月中旬了，现货价格继续大涨，青岛涨到了 4.90 元，上海涨到了 4.70 元，北京也跟到了 4.30 元。这阵势下 01 合约如何走，我感觉难以把握。

上周五 01 合约是增仓增量，多头大佬们大幅增持仓单已经跟空头大佬们平分秋色，却冲高回落，长上影，实体阴，跌 9 点，跟青岛、上海的现货价格比起来，不应该啊。

青岛、上海是 4. 60 ~ 4. 70 元，北京现货未来十天半月至少涨到 4. 50 元，主力既然追随现货大涨而悖逆 01 合约季节周期拉起来，那就应该继续跟随现货的上涨而至少拉到 4200 以上啊，才 3900 就力不从心了？

怕也难怪。大家都知道现货涨到 9 月初就不再上涨是板上钉钉，还有十几个交易日，而期货 01 提前反应，现货下跌则应该不迟于 8 月下旬见顶回落，就如 2017 年也是如此，追涨的少逢高加空的多，便是涨也难。

还有现货价格与 01 合约价位预期的关系。如果现货普遍涨到 5. 00 元，则中秋节后回落幅度应该在 4. 00 元以下，加之期评几乎一致认为蛋鸡存栏大增，因而元旦现货价格不会跟 2017 年一样大涨，而是有可能跌到 3. 00 元多，那么 01 的预期下跌位置应该在 3500，则现在的 3900 已经够高。期货，炒的是预期，01 现在是不是就难涨了？

上述矛盾，我理的头绪也不知道对不对，觉得自己还是一脑子懵懵懂懂。最后的出路就是均线，市场博弈最终体现到均线上，我只能按照均线分辨是非，好在 01 合约是季节下跌周期，跌破均线跟空赚钱的概率才大。

现货搂不住了，这周末到周一，青岛连涨三天，涨到了 5. 00 元，上海涨到了 4. 80 元，都超过了 2017 年，也是 2014 年之外这几年最高的。北京才涨到 4. 50 元。

现货疯涨，是检验 01 合约多头成色的时候了。

周一，13 日，01 合约多头没有力量借着现货的狂涨而大涨，高开冲高回落，震荡剧烈，虽然也涨了 2%，但是比 09 合约涨幅差远了，09 涨了将近 4%。

这个不好。01 合约比价不应该这么低，对 09 合约对现货，都应该再上一个台阶才是，未来十天半月下跌时季节回落趋势才可靠。

不管怎样，我只能等。涨也是等，不涨也是等，等必然的季节下跌周期来临。

现货大涨，09 合约大涨，涨到 4450 了。

我是 4200 走人的，少赚 180 点。可问题是在这一个月的震荡中谁能料事如神啊？几次跌破均线，几次涨过均线，纯技术操作反复挨耳光，基本面操作则是冒着巨大的亏损风险，像我这样的谨慎之人早就避之唯恐不及了。

反倒是群里一直唱空做空的那位期货公司业务员，引导大家看到 3800 现在却到了 4400，我都不忍心替他们想象。

不止损的群友和依据主观臆测做空的群友，成了身边最新的两个惨痛例子。

这两个例子很好地诠释了期货真谛：逆势、不止损、主观主义，赔钱快得很。

盈亏同源，也就诠释了顺应季节周期、共振开仓，赚起来也快得很。

一赚一赔，我都亲身体会过。

吃一堑，长一智。谁都一样，期货公司业务员终于醒悟了。群友问他："还有 09 合约空单吗？"他说："月底写一篇 09 大败总结。"

# 第十一回　2018 年 8 月 16 日，跟季节周期共振

这天 01 合约一根长阴，一阴吞 5K，跟季节下跌周期共振，与历史相同，应该开空。

这些天现货持续大涨，期货应该跟着涨，却好几天不怎么涨，让人觉得是下跌倒计时的架势啊。今天更是反其道而行之，大跌，说明 01 合约的季节下跌周期不可更改，也说明多头主力没有底气，还说明后市现货可能跌幅不会小。

但是尚未到我计划开空一半的 60 日线，也未到开空另一半的 20 日线，此时跟空没了均线标准。

其实还有第三个矛盾，就是 01 合约贴水现货 1000 点之多，跟过去完全不一样，过去都是基本平水，或者稍有贴水。

逻辑上令人不解，就如老崔上午跟我说的：“现货一直涨，而期货反跌，为什么？不明白！”他还说：“若现货涨，而 01 合约破 3850，你进空吗？”

我说：“逻辑不清，均线遵行，必须进啊。”

“现货涨到 6.00 元呢？你也进？”现在是 5.00 元。

我说：“不管现货涨多少，01 合约破线也得进空啊。既然 01 主力如此做，那就有他的道理。就如 2017 年 6 月 1 日 09 合约越过均线，却升水 2000 点，我们以为不能涨，不也涨起来了？”

“那倒是。”

那就先开空 1/3 吧。

下午开市后打开所有账户，只开了 1/4，比我止损价高了 40 点，3877，上算。但还是胆怯，如果还跌，尾市就再加点儿。

尾市，还是那个价，3870 多。算了，不加了，等跌破 60 日线 3844 再加吧，等跌破 20 日线 3808 加满。

忘年交哥们儿跟老崔担忧同一个问题，思维更加缜密：“李老师，这根大阴线，好为难啊，后市咋加空仓?”

一是为难在 01 合约升水现货 1000 点可能挡住 01 的下跌；二是为难在 01 未破日线开空加空不踏实。

我说：“三个开空原则：一是长阴与季节周期共振试空 1/4；二是跌破 60 日线 3840 加空 1/2；三是跌破 20 日线 3820 满仓。”

他说：“现货强势，期价下跌。现货回落 1.00 元，也就 3.80 元左右，01 合约下面空间能看到多少?”

是啊，这的确是个问题。也许现货跌幅不只到 3.80 元，也许跌到 3.50 元呢？这样，则 01 合约还可以往下走几百点。这个估计未免乐观，但现货大幅下跌是有可能的，如果除去通货膨胀因素，则这波上涨纯粹是现货大佬们借高温炒作，向上炒疯狂，那么温度回归正常后向下炒也可能疯狂。

矛盾困扰着我们。

但我们考虑的东西主力早就考虑了，而且考虑得更深入，既然他们一根大阴线打下来，必是有他们的逻辑。我们只能遵行均线，犯不着考虑那么多，110 点绿 K 线和季节下跌周期共振，自然应该开空、加空、坚定持空。

忘年交哥们儿鼓励我：“长阴日 K，配合季节下跌周期共振，这个总结得好。”

既然得到鼓励，我就严密一下分析，做出新的决策：“早早打开账户，高挂 20 点补空，盘中跌破 3850 有个把小时则加空，尾市收在 3800 附近全部加空。”

“好的，按照计划执行。”

第二天，按计划高挂待空，成交了，3877，跟 8 月 15 日开空点位一样。忘年交哥们儿的也成交了。

我尝到了大跌之后逢高加空的甜头，以往走势都是大跌破线后会有反弹，比头天收盘价格高 10 点、20 点高挂空单都能成交，比大跌时杀跌追空好一点儿。如果大跌时开了空单则可以如此后续加空，但是如果一点儿空单都没有那还是要杀跌追空，否则怕踏空。

现在又到矛盾时，既应该相信季节下跌周期，又为贴水 1000 点难以下跌而彷徨。

特别是周末到 8 月 20 日，全国现货蛋价除了上海、北京，其他地方统统回落，青岛甚至落了 9%，从 5.50 元跌到 5.00 元，令人不得不倾向于 01 合约的继续下跌。我甚至做好了计划，日线跌破 60 日线 3840 加空，跌破 20 日线 3820 加满空单，怕尾市跌幅过大，则计划跌破小时线 3840 加空，跌破小时线 3820 加满空单。

却料不到，完全料不到，01 合约和 09 合约高开高走，增仓增量大涨。这让我不寒而栗。

老崔问：“什么点位止损？”

我说：“3970 吧，止损宽泛些反倒无须止损。”

但是上午 10：15，01 合约越过了 3900，形成了对小时线的 45 均线的突破。

我又扛不住了。这势头，跟贴水 1000 点很配合啊。

2018 年 01 合约可能有新形势。

01 合约在历年下跌时期却跌不下去，01 图形是回落形态却跌不下去，提醒我只要现货升水 1000 点，01 做空就有风险，同时位处季节下跌周期，现在到 9 月中旬之前做多更不可取，随时一根长阴线。

有可能 9 月中旬之前就是个震荡市，2018 年的季节大跌周期被贴水 1000 点给整没了。

现货一般年份中秋节后跌 15% 到 20%，现在北京是 5.00 元，跌到 4.00 元就是底，与此对应，01 合约现在 3900 到底了。

但是我的这种预测也可能不对，如果北京现货跌到 3.50 元，那么 01 合约可能跌到 3500。当然这是小概率。

两种预测都有实现的可能，不敢确定只有一种可能性，我的操作便只能是跌破均线追空，涨过均线止损，在 9 月 1 日之前就这么做，既不错过 01 合约可能的季节深跌，也不深套死扛。等到 9 月中旬，就按照 01 的均线，越过均线开多做多，既然跌不下，那么追随现货反弹而涨几百点是可期的，从中赚 200 点是可期的。

当下，01 合约反弹强势，3970 说过就过，一个随机波动就到，应该减空。

我不敢怠慢，趁着休市 15 分钟打开所有账户，10：30 追高减了一半空单。紧张令我手发抖，难以控制，左手按右手，勉强操作，不知不觉中，竟然把两个账户平了两次一半，错把全部空单都平掉了，却有些欣慰，想把其他账户的另一半空单也逢低平掉，但忍了忍没动。

11：26，老婆让我下楼到车站接她。接她回家后是 11：30 稍多，我看了一眼电脑。啊，01 合约跌到了 3856，最低 3838，就是我离开盘面 1 分钟的事情，空头增仓打压，红 30 点变成了绿 5 点。

又平错了！我平空的价位是最高价，对小时线的 45 均线的突破成了假突破。

呜呼哀哉！

一错在没有坚持宽止损；二错在没有等小时线 K 线图成型；三错在即使小时线 K 线图成型也胜率不高，不应该遵行。

下午 01 合约反弹到 3870，我把那俩账户的空单捡了回来，弥补错上加的错，跟其他账户保持持仓一致。

可是，到下午 2：00 多，01 合约又涨起来，多头就像打不死的小强，又拱到了 3880，就要把小时线刚才的长阴吃掉了。我的心又发慌了，01 贴水 1000 点阴影再袭，觉得 01 再回升几百点都不算什么。于是，什么宽止损，什么小时线成型，什么小时线胜率低，统统不敢再想。

我想平掉剩下的空单，又怕老崔埋怨，便问他，他却没回话，可能睡午觉呢！

我连发三个问号，没用。

我只好问忘年交哥们儿，他也犹豫。

是啊，这是每个投机者都难以决断的事情，否则大家都赚钱了。

我再次想到 01 合约贴水 1000 点。

干吧，不等了。忘年交哥们儿说："好的。"

都平了，连同刚才给那俩账户重新开的空单，都在 3880 平掉了。

老崔回话了："说不好。刚才睡午觉了。"

尾市涨到了 3890，2018 年 8 月 16 日不遗憾，但是明天呢？

## 第十二回　01 合约升水 1000 点，等着反弹做多

原来觉得 01 合约七八月份做空是最好做的，没想到这样。

最要紧的是 01 合约季节大跌周期 2018 年可能没了，贴水 1000 点，使得 01 也发生了变异。

收盘后，跟忘年交哥们儿探讨，慢慢清楚了认知：保险起见，01 合约跌破均线也别追空了，贴水 1000 点既然能阻挡 01 大幅下跌，那么追空之后目标几十点利润赶紧出局，这种操作风险太大，也许几十点利润都没有，不如等它 9 月中旬预期现货反弹而率先走强时追多做多吧。2017 年 9 月下旬 01 升水 700 点还涨呢，2018 年贴水 1000 点，等现货下跌到 4. 00 元时 01 还是贴水状态，那么 01 九十月反弹幅度会大。

第二天，01 合约高开上冲到 3905，我庆幸已经在 3880 走掉，现在无“空”一身轻，如果我昨天没走，则今天冲高时一定会追高平空。

但是没几分钟便跌下来，又到了 3870 一带。

我已经倾向于不做 01 合约空单了，贴水 1000 点加上这几天 01 强势震荡，使得即使在目前季节下跌周期里做空风险都可能大于做反弹的风险，因为现货下跌期货 01 可能就不跌了，或者现货跌得多而 01 可能跌得很少，做空下看几十点最多 100 点，而做多上看几百点。所以，应该宁肯等着 01 低位做多的时候，等现货下跌一段时间之后，等 9 月中下旬，做反弹行情。所以，面对 01 的回落我也不急，反正我也不开仓。

但是 01 多头韧性顽强，总能慢慢拱着收复失地，缩仓 1 万手，整个持仓才 15 万手，缩仓算是大的，每年此时不应该缩仓的，应该是跟我一样观点的空头也在撤兵，说明对后市分歧不大，预期看多的占了主导。

这让我担心，会不会踏空做多？

应该不会。

做多现在明显不是时候，一旦 8 月底 9 月初现货下跌，01 合约不太可能逆势上涨，应该有一个下蹲。等那个下蹲完成，再返身向上的时候，才能追高买多。

但是另一方面，既然有下蹲，那么也不会第一天下蹲第二天就起来，是不是应该抛弃完全不做下蹲的念头？在下蹲形态显现的时候进场开空，能赚几十点也是好的，这段时间赔的也就是几十点，能捞回来当然好啊。

又是一个交易日。盘面看出空头是想打压的，但是逢低买多的人挺多，仓位又增多 8000 手，价格跌不下去，昨天出局的资金又回来大部分，看法又有较大分歧了。

这是 01 合约贴水 1000 点的直接效果，向下很难大跌，跌到 3860 就被撑起来。

这也是适逢季节下跌周期的效果，向上也难，到 3900 就被压下来。

倒是令我忧虑，现货还没下跌而 01 合约就涨起来，那追多还是不追？追多入套，不追多踏空。

多头还是强势，下午 2：00 多又拱到 3890，我怀疑主力可能等着现货下跌的时候造一个空头陷阱，甚至借着大家都等现货开跌的预期而现在就拉起来，正好吸引空头对手盘。

老崔再次强调了均线，他看到一篇野路子评论说现货蛋价会跌破 3. 00 元，那么 01 合约必须遵循均线操作，破线开空，还是原来的高低 600 点见好就收，否则就按照均线止损。

我不信那个野路子评论，现货不可能中秋节后跌破 3.00 元，01 合约也不会高低 600 点跌到 3400，按照老崔的操作，可能又增加一笔亏损。

如果 01 空头真的能打下去，那么早就打下去了，不会到今天还无能为力。因此，我甚至都想彻底放弃做空的打算了。

老崔认为我还是主观臆断，靠不住。我却认为做期货做的就是概率，按照大概率做就没错。

说起大概率，第一，现货中秋节后回落幅度最大 20% 是大概率，跌到最低 4.00 元是大概率。第二，现货回落到 4.00 元后会反弹，年底反弹到 4.50 元，这是大概率。第三，期货以现货为本，则 01 合约现价 3900 属于低估，往下最低到 3800 是大概率。第四，01 提前现货反弹，反弹 500 点是大概率。这四个大概率，应该是我们的落脚点。

忘年交哥们儿支持我："嗯，您总结的应该是大概率。"

还有一个历史情景令人恐怖，2017 年，01 合约中秋节后回落，升水 100 点。那天，9 月 21 日，一个豹子翻身竟然比当天最低涨了 240 点。

我怕 2018 年 01 合约贴水 1000 点，那种极端行情出现的概率更高。

接下来的一天，8 月 23 日，极端行情就出现了：平开高走，增仓增量，大涨。才 15 分钟，已经涨到 3920，增仓 8000 手。

还没大涨时，忘年交哥们儿也有矛盾心理，说："李老师早！一切都是猜测，最终还是以均线作为标准吧。"

这是对我准备放弃破线做空 01 合约打算的疑惑。

他的说辞是对的，均线理应是客观的标准。老崔坚持均线标准，原则上是对的，谁知道现货会不会真跌到 3.00 元呢？

我再次叙述我认为的几个不敢看空的逻辑，但是也知道这在市场面前很苍白。

瞬间大涨后，忘年交哥们儿问："那现在做多？"

历史数据揭示，01 合约中秋节行情下跌后的转势初始都要震荡几天。现在现货随时可以开跌，对 01 多头还是威慑，01 转势更是需要震荡了。我说：“不急，等几天再说。今天增仓巨大，说明多空对立尖锐，不会一蹴而就。”

1 万手增仓显示多空尖锐对立，01 合约价格几分钟后又下来了，又到了 3880 一带徘徊。但是这个图形，让我想起 2017 年 9 月 21 日多头的暴动，历史总会重演。

2017 年 8 月 23 日，01 合约开始大跌，开始了季节下跌周期，一个月。2018 年的今天不仅没跌，反倒要涨，而且还有两个对比：去年 01 是价格高于现货 300 点，而今年是贴水 1000 点；去年中秋节是 10 月 4 日，今年是 9 月 24 日，提前了 10 天，01 本应该在 10 天前就跌的，拖后这么多，可见下跌内在动能极为不足。

老崔和忘年交哥们儿都推崇均线标准，促使我思考。

均线是根本标准，但是有时候在基本面制约下，均线标准不能作为依据。例如，2018 年 09 合约春季跌破均线并不能平多开空，反倒需要死扛多单。

现在的 01 合约又有同样的问题。例如，一般以跌破小时线 60 均值开空，但是这一周按此开空的都错了，共有 4 次。如果严格照此进场止损，则亏损合计也得有四五十点了。造成这个结果的原因自然是 01 贴水 1000 点。

由此我想，跌破小时线 80 均值开空怕也是不可靠的，也会遇到反复进场、反复止损。自然也是因为 01 合约贴水 1000 点。

如此不可靠的标准，在 01 合约贴水 1000 点基本面大前提下，应该放弃。

8 月 24 日，已经超出了鸡蛋期货上市四年来最迟一次 01 合约下跌的日子，2017 年 8 月 23 日。均线形态是选择方向的时候，01 大仓位几百手高开三点冲高到 3873，主力多头护盘心切，我正为没有空单而欣慰，却瞬间狂跌，跌到了 3830，创出这几天震荡的最低点。

很清晰的向下突破图形，且增仓 5000 手。

我是决计不做空了，贴水 1000 点我坚信跌不深，便不受那煎熬，宁肯等着反弹。

2018 年鸡蛋期货变异太多，95 对冲没了，09 合约“火箭蛋”曲折跌宕，现在 01 合约的季节下跌也不敢做了。

01 合约季节下跌起始时候贴水 1000 点，还不止了。今天一跌，贴水成 1100 点了，这种情形过去从没出现过。我的判断是跌不深，但究竟是深跌还是不深跌得由市场走出来才能知道。就跟 2017 年 01 季节下跌开始后一直升水几百点，最多时升水 700 点一样，令我对能不能持续反弹充满担忧，所以不敢追涨做多，但实践证明是可以持续反弹的，可以追高做多。

实践出真知，市场收学费。如果 01 合约大跌，那就算我再交一次学费吧，将来就可以在贴水 1100 点这种形态下敢于追空，踏踏实实赚钱。

却又到了老崔责备我的时候，他质问：“你不会再开空了？”我说不开了。他说：“按均线你应该开空了！”我还没回话，他又说：“到 9 月结算之后，我还是不想让你做了，我自己做。”他多次提到他要自己操作。

我下决心不开空，任他如何乱语伤人。

尾市 01 合约回升，下跌才不到 1%，要在过去早早下跌还常常单日大跌 2% 呢。现在这么晚开跌却跌幅如此之小，足以说明贴水 1100 点下跌动能多么不足。

# 第七部分
# 重登征程第四战：
# 2018 年 9 月做多 01 合约

每年三个计划中的战役已经结束，现在是附加的战役，是原来没有认知到而应该做的。2018 年由于 95 对冲套利没有最终达到价差扩张到 700 点以上目标，95 对冲套利规律实际上作废了。再就是由于“火箭蛋”之后的 01 合约下跌也是半途而废，我做空不仅没有赚钱反而亏了一大块，所以不得不总结历年走势，进而确定应该参与 01 国庆节前后的反弹。这是原有计划之外的战役，即“火箭蛋”坠落之后的反弹战役。从 2018 年开始，以后就可以作为每年计划中的第四场战役了。

# 第一回　2018 年 8 月 28 日越线试多后止损，9 月 14 日再开始试多

8 月 27 日是周一。刚过去的这个周末，青岛现货连续回落，从 5.22 元跌到 5.06 元，上海周一也开跌，从 5.01 元跌到 4.90 元，只有北京挺着，比上海还高，4.94 元。参见图 7－1。

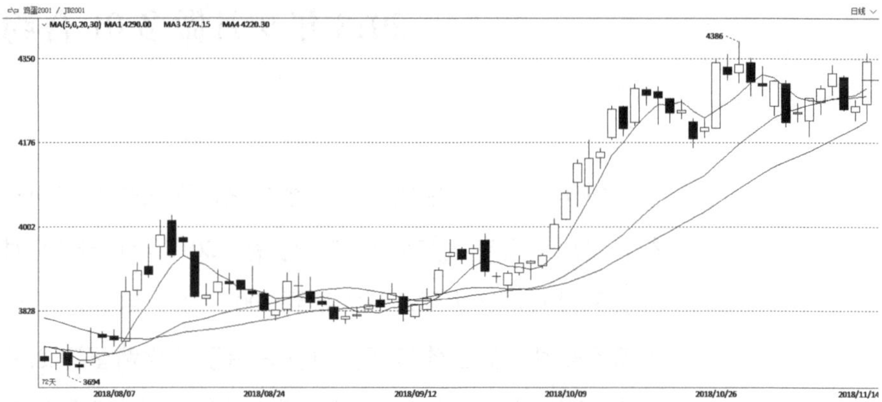


**图 7－1　鸡蛋 1901 合约 2018 年九十月的震荡反弹**

周一盘面显出，01 合约跌不下去了，标志如下：

第一，现货大部分地区开始“火箭蛋”行情之后的回落，而 01 合约不跌反涨。

第二，09 合约低开低走，下午开盘继续下跌达 2.6%，110 点；而 01 低开高走，下午 09 再行下跌的时候 01 不跟跌，勉力维持红盘。

第三，豆粕类农产品大跌，而 01 合约不跌。

第四，已经到 8 月底了，这在过去四年 01 合约都是跌到底部了，现在还没跌，那么应该现在就是底部。

第五，增仓 1 万手不跌，说明多头主力敢于吃货，也说明空头主力有些无奈。

周二，8 月 28 日，青岛、上海现货再跌，但是 01 合约还是不跌，平开高走，才涨 10 点，然而足够了，现货刚刚开始下跌，北京甚至还没跌，01 大涨反倒让我难办。

我欣慰的另一方面是老崔不会埋怨我了。我也不主动跟他说这个事，免得显得我不谦虚，人心有杆秤，不用自己多说。

上午 10：30，01 合约竟然增巨仓 1.3 万手大涨，一举冲过了 20 日线和 60 日线，到了 3885，把那天的大阴吃掉还超了。如果那天不坚决而开了空，那么现在肯定是惊慌失措，也便陷入忘年交哥们儿警告的突然变价则 22 个账户来不及及时止损的危险境地。

如果大涨坚持到尾市，越过 20 日线，越过 60 日线，越过小时线最上面的 60 均值，越过 3900，便都是进场开多的标志。怕因大涨为难，但还是来了，还这么快，还是让我为难了。

前两天大跌最低未破 3800，一直在 30 日线之上，今天一个长阳又收复所有失地，如果下午 2：00 还在 3880 一带，是可以开多的，开 1/3，如果尾市收在 3900 以上，可以开到 1/2。

下午 1：45 开始进账户，2：00 开始买入，最低价 3889，最高价 3908，但最高价让我买进便下跌了，3880，统统入套。这个没办法，这个时间点操作有时候占便宜。例如，8 月 8 日空单追高止损价位就是低的，止损后价格大涨。今天追高开多吃亏了。大的方向把握住就行，需要当机立断，成本多 10 点少 10 点都无碍大局。

试多后浮亏，所以尾市就不加多了，1/3 仓位，每 5 万元资金开了

3手。

等后市如果站稳3900就加多，每5万元资金2手。

第二天现货再跌，北京也开始下跌，跌幅还不小，从4.94元一步跌到4.71元。

再次对01多头构成考验，即现货连续回落态势下，01还能不能坚挺？

01合约低开9点，多头的买盘挺强，低开上冲。

09合约却是低开低走，几分钟工夫跌了1.6%。

01合约再次跟09合约走势相悖，再次跟现货走势相悖。

2018年01合约贴水1000点导致变异，季节下跌周期艰涩难行甚至没了，做反弹成了唯一选择。但是反弹有四个不确定性：第一是现货开始下跌的时候，01多头能不能顶住？第二是现货连续下跌时，01多头能不能顶住？第三是现在才8月底，惯例是9月20日之后01才反弹，这20天01会如何走？第四是现货不知道会跌到哪里，01反弹到多少止步？

第一个不确定性已经确定了，本周一、周二显示，现货开始下跌时，01合约多头顶住了，不跌反涨。

第二个不确定性正在给出结论，周三现货连续下跌，而01合约没有大跌，只是小幅调整。

第三、第四个不确定性有时间期限，还有20天，等着结论吧。

已经建了多单底仓就不急了，后市现货还得跌，01合约多半会在3900一带徘徊，过几天的确强势再加多吧。加仓往后拖的时间越长越好，距离9月20日常规反弹日子越近越好。

8月30日现货继续回落，北京回落尤其迅速，到4.49元了，又是一天跌两角。

我有点儿毛了，如此大跌，4.00 元能挡住吗？跌得更深，01 合约能涨吗？01 回落，我又得止损啊。又想，01 跌破均线我止损其实更好，跟随现货跌到哪里算哪里，然后到 9 月 20 日反弹，做多更可靠。

我对 01 合约贴水看得很重，但鸡蛋期货群里有人表示异议：“不能因为一点升贴水来看多空，要这样期货也太容易了。”

这是诤言，我必须再捋捋自己的思路。我想了想说：“把升贴水作为一个标准也不是完全没用，这段时间空 01 合约便不够安全。”

仍是异议：“没有绝对的安全，除非不做。只要做就存在风险，多空都有理由，那就看图形做。”

有群友重复此话表示赞同：“多空都有理由，那就看图形做。”后面点了个赞。

这恰恰是似是而非的认知，上周五图形变成空头排列，但是那天和周一追空的，周二都证明是错了。我说：“这段时间的基本面、概率，需要舍弃一种图形。”

过了一会儿，又有一位群友做出结语：“李总，老姜！”

我欣慰，但内心还是紧张，真的怕 01 合约大跌，虽然希望不要这就上涨，最好是盘整个十天半月，但是真的跌破均线我又止损，那就会把信心一扫而光啊。

开盘了，低开 11 点，不多，有赖多头大资金撑着，集合竞价成交 700 手，且低开上冲。这几天都是这样。但又都是增仓冲高、缩仓回落，今天又冲到 3899，我的多单有利可获了；然而上午便又下来了，说明多头护盘但也不想这就拉升。

中午收盘前最后 1 分钟，空头狂砸 01 合约，使其一下子从 3870 被砸到 3840，看得我心惊肉跳。所谓现货持续下跌，01 多头是不是能稳住这个不确定性真的是难解。昨天现货持续下跌，01 多头稳住了；今天现货再跌，01 前两个小时稳住了，最后却还是没稳住。

跌破 3800 我试多的单子止损，不到，便拿着忍受煎熬吧。

终于没有上涨，9 月 3 日，在现货连续下跌到 4.30 元的压迫下，01 合约跌破了最下面的 30 日线 3830。

实践出真知，八九月份，即使 01 合约贴水 1000 点，在现货连续下跌时，多头也顶不住。这个前几天的不确定性，今天给出了确定答案。

我再次止损，试仓 1/3 的，亏损 100 点。

依据最新实践结论，在 9 月 20 日之前，即使 01 合约越过均线也必须不为所动，那是诱多，要多等两天，确认 01 稳定在均线之上才能追高开多。过去四年中，三年反弹 400 点，有两个特征：一是 9 月 20 日之后；二是上穿均线。

我止损，01 合约却不跌了，连着两天在 3800 上面晃悠就是不跌破 3800，甚至在第三天涨到了 3860，比我止损价高出了 50 点。

这再次教训了我，止损幅度小则难以准确把握，空单止损了却跌回来了，多单止损了却涨回去了。我的 3877 空单原计划在 3970 止损，但是惊慌失措在 3910 止损，结果现在是 3840，最低到 3801；我的 3900 多单原计划在 3800 以下止损，但惊慌失措在 3812 止损，今天最高是 3860。

正因为总是不如意，所以很多人就不止损了，死扛，从一个错误走到一个极端的风险。

到 9 月 10 日，现货不再接着下跌，而是回升了好几天，幅度挺大。北京从 4.27 元回到 4.60 元，上海回到了 4.70 元，青岛从 4.55 元回到了 5.00 元。季节下跌周期如此重新走强，令人意外。

我疑惑，是不是就不跌了，这就慢慢重新走强到年底?

过去十几年有过好几次这种情形，2017 年就是这样的，现在也许能再达到这个结果。

01 合约今天贴水回升到 770 点，从预期现货跌到 4.00 元来说，贴水太高，01 被低估；而如果现货不跌了，那贴水就更多了，01 就更被低估了。01 下行空间算是封住了，而上行空间可以预测，如果现货年底回升到 4.50 元，则 01 上涨四五百点；如果现货年底重回 5.00 元，则 01 上涨七八百点。憧憬极乐观，会吗？

不知道，等着看吧。

10 日这天，01 合约高开上冲回落，又是老一套，增仓上涨缩仓回落，尾市勉强收在最上面的 20 日线之上。我有了前次追高被套止损 100 点的教训，这天未敢追涨开多，还须再等两天，连续三天 01 收在 20 日线之上才能开多。这可以作为以后每年的一个规矩，9 月 20 日之前的反弹都如此，肯定是高胜率，同时也不会错过行情。

第二天，11 日，上海、北京现货都稳住了，对 01 合约多头是个威慑，低开低走，跌破了 20 日线，跌破了所有均线，跌到前几天的低点，10 日没追涨开多是对的，否则又面临止损还是不止损的难题。现货随时重回跌势，就像达摩克利斯之剑悬在头顶，对 01 多头是个压制。头天涨在均线之上而第二天便大跌这几年屡见不鲜，此时买多就怕入套，哪怕真的仅是几天的入套也不得安生。

但是 01 合约贴水七八百点使它下跌太难了，即使上海、北京现货不再上涨，即使青岛等地现货开始回落，01 却再次探底回升，探到 3800，又回升到 3870，把 11 日的长阴又吞没了。

给我出难题：追吧怕入套，不追怕踏空。

还是按照既定计划操作吧，越过最上面的均线三根日线再进场开多。时间也不太久了，现在已经是 13 日，距离 20 日只有一个交易周了。

主力多头任性，完全不考虑现货虽然现在坚挺但是周末很可能下跌。9 月 14 日，周五，增仓 2 万手狂拉，已经是 20 日线上方第二根 K 线了。

这一个月 01 合约一直在 3800 到 3900 之间震荡，时间已经接近 9 月下旬，从现货的强势看，即使周末回落，也不会给 01 空头再砸的时间了，很可能就是一个空头陷阱而高歌猛进。

下午 2：00，开了一点儿多单，5 万元资金开 1 手。前几天 3817 止损 100 点，现在 3888，追高 100 点再次进场，没法遗憾，止损错了也是对的，谁都不可能买在最低、卖在最高。

这一丁点儿多单，即使短期入套也不怕，而这种态势，一点儿多单都没有还是心慌。

9 月 14 日的大涨，说明现货下跌周期 01 合约贴水 1000 点是无法下破 3800 的，贴水七八百点是可以在 20 日之前开始持续反弹的，等三根 K 线进场开多可以是个标准。但下周一就是 17 日，也立马就到 20 日了。

## 第二回　2018 年 9 月 17 日加多，10 月 10 日止盈

9 月 17 日，周一。刚结束的这个周末，上海、北京现货都没跌，一点儿都没跌，青岛有所下跌但是比上海、北京的价格还是高，所以现在上海、北京成了标志，成了今年现货特别强势、距离中秋节只有 7 天了竟然还是不跌的特殊年份的标志。

今天必须加多了，逢低加，盘中加，尾市加。既然跌不下，既然上涨到了 3900 区间，那就必须加多了，季节反弹周期来了。

低打 3900 集合竞价，高开高走没成交，又打 3916 低埋，以为缺口会回补但也没有，最后上冲到 3976，回落到 3960 买了点儿，继续回落到 3945 一带又买一点儿，又在下午 1：30 为 3933 埋单，但 22 个账户没成交，只有我一个账户成交了，回冲到 3952。

我的应变能力还是差，上周五在 3880 一带应该至少开到 3 手（5 万元资金）而不是只开 1 手，尾市上穿 3910 应该追高增多，也不至于今天因过于追高而不安。

操作经验多了，心态就稳住了，3933 的低埋多单坚持了半个小时，最后也成交了。

9 月 19 日，侄女转进她期货账户 5 万元，加上原来的 4 万元，成了 9 万元。前几天她跟我说起账户情况，感叹我从鸡蛋期货给她赚了钱，说要把到期的理财资金转过来，今天办了。

正好转钱时01合约是涨的，3950，刚刚转完跌到了3913，瞬间，我想比我其他账户成本低得多，便在3926买多两手，只有其他账户仓位的1/3比例。总是犹犹豫豫、瞻前顾后，尾市涨到3957，才后悔买少了，应该买6手才对。

不可能买在最低、卖在最高，这是真理。却又总想买在最低、卖在最高，结果，好机会就这样流失，还是不成熟的表现啊。

**再定一个规矩，200点止损。**

01合约大涨之后第四天，高开低走，最高3988，盘中跌破3900，现货连续上涨，01却这么弱势。

每每此时便沉不住气，止损?

止损真的范围要宽些，前一个月开多01合约价位3890，原计划日线跌破3800止损，但那天回落到3815再也扛不住而止损了，后面两次冲高回落都没跌破3800，反而在前几天现货没涨时突然拉涨越过了3900，我白白止损。再次给了我教训，止损范围太小不行，3800也太浅，如果设定跌破3700（前两个月的低点）再止损则更不可能达到。

这两年做鸡蛋期货赚钱的操作，其实都经历过入套，没有入套便没有利润，空05、95对冲、多09、空01，都是。

这几年八九月份01合约走强盘中越过20日线进场开多的，即使后面有回落，但如果按照日线跌破200点止损的话，则都无须止损，最后都可以获利200点。

那么这次也可以这么做，3945的多单，跌破3900重回下一个震荡区间似乎不可能，如果真的跌破，则以3800为止损，前一个月的底部，真就不该跌破了，如果跌破，那就是转势，不敢持多了。

放宽止损也是止损。不到点位不止损，以免止损次数多了，没了操作胆量；到了点位止损不犹豫，以免死扛而真的跌无止境。

有的合约的周期可以宽止损甚至不止损。例如，春季 05 空头如果升水现货几百点就可以拿死，夏季 09 多头价位在 3800 也可以，更低价格就更可以了。但有的合约的周期就不能宽止损，如七八月份“火箭蛋”时期 01 合约在均线上方空单不能宽止损。

有季节反弹周期支持，有贴水八九百点支持，相信 01 合约多单宽止损策略能不止损而熬过震荡。

宽止损的意义应该就在于此，锉掉波动中的小锯齿，避免假转势，抓住真正转势的时候。前一阵看鸡蛋期评，有在 3800 到 3900 之间说空 01 合约的，要求不到 4020 不止损。我就不解，3800 到 4020 都 200 点了，那么宽泛的止损？过去在其他期评里也见过这种宽止损计划，从技术面来说这应该是科学的，鸡蛋 01 这么久了，都一个多月了，还是没到 4020，刚刚冲到 3988 又跌破 3800，如此，我 8 月 16 日 3870 的空单也应该一直拿着，到现在也基本扛过来了，至少也可以在前一阵儿熬到逢低 3810 止盈。当然，从基本面说，01 贴水 1000 点我后来认为阻住了下跌空间，做空可能有问题，改成了看多，但是宽止损是可以辅助基本面操作的；如果宽止损，也是以 200 点为限，则不会有 9 月 3 日杀跌平多 100 点的实亏，现在的心态和资金都能轻松很多。

**01 合约下跌周期贴水多少之辨析。**

过中秋节了，我一直在思索，2018 年“火箭蛋”后 01 合约没有大跌，跌势浅尝辄止，过往四年年年存在的周期没了，是对现货的 300 点贴水造成的。如果看到现货节节上涨而主观左侧交易平掉 01 空单，就能保住那点儿利润而避免亏损了。例如，8 月 7 日现货已经从 3. 03 元涨到了 4. 04 元，而 01 尚在 3767 贴水 300 点，如此，01 肯定会涨起来的，就应该左侧交易主观平掉 01 空单。

依据现货的位置和 01 合约升贴水，就可以主观左侧交易。

但是发现2016年同期01合约贴水更多，却继续下跌。那年8月22日，现货3.78元，而01是3475贴水300点；第二天，8月23日现货涨到3.93元，而01却大跌80点到了3400，贴水扩大到500点；8月26日，现货涨到4.27元，而01跌到3355贴水900点。2016年同期远比2018年贴水大，但是01没有涨起来，如果依据01贴水300点而左侧主观止盈则是错误的。

结论就是，01合约下跌周期跌势如何完全依赖主力庄家的操纵，跟贴水多少没有必然关系，依据贴水300点而左侧止盈是靠不住的。所以，依据均线开空和止损是无奈的，赚钱、赔钱也是靠运气。但是似乎也能跟现货的走势有所联系，在7月即开始01下跌的年份，如果七八月份现货不断走强进入“火箭蛋”通道，比最低点涨了3角钱以上，则应该平空01，如是，则2018年7月12日平空01，以前2016年8月10日平空01，后面即使因为又跌而少赚也认了。

庄家操纵，在2017年7月的01合约大涨中非常明显，当时01升水现货1800点，01是3950而现货是2.10元，即使01不涨也不敢预期现货能涨到3.90元啊，01却狂涨。所以，有时候升贴水真不能成为持仓的标准。

但是另一个贴水数据却真的管住了01合约的继续下跌，就是贴水1000点，01就难以下跌了，2018年是，2016年也是，根源应该是现货年底前大概率是反弹的，所以01后市应该是上涨的。01贴水1000点的时候不做空是对的。进一步，在01反弹周期，9月末还贴水将近1000点，就更不是做空的时候了，而理应做多。

**中秋节已到，现货能跌到哪里？**

2018年9月24日是中秋节，青岛现货跌，4.55元。上海跌，4.72元。北京再跌，4.60元。

现货跌到哪里，直接关乎01合约的合理定价。

按照惯例，第一是 9 月初现货开跌，跌到 10 月中旬结束，然后开始反弹。第二是中秋节和十一过后再跌的幅度小，有时不跌了，有时是跌两三角钱。第三是强势年份反弹到“火箭蛋”高点，2017 年最低跌到 3.50 元，反弹到 4.50 元；弱势年份反弹弱，2016 年最低跌到 3.10 元，反弹到 3.60 元。

2018 年现货强势，中秋节前两次发射“火箭蛋”，都中秋节了还是 4.60 元，2017 年这个时候都 3.60 元了。如果依据过去，则后面的三点大概是：一是到 10 月中旬现货会反弹；二是现价 4.60 元最多跌到 4.30 元；三是反弹至少能达到 5.00 元。

以此预测，01 合约现价 3900 属于过度低估，按合理价格低于现货 300 点算，01 向上的预期在 4700，有六七百点的上涨空间。

但是也有很悲观的说法，说第四季度将跌破第二季度的低点，跌到 3.00 元，破三也是有可能的，期货 01 将跌到 3300。

依据过往 17 年数据，绝大多数年份第四季度现货蛋价都高于第二季度的低点，只有 2005 年第四季度低于第二季度。也就是说，2018 年第四季度低于第二季度的概率是 1/17，第二季度现货低点是 3.03 元，后面跌破 3.00 元的概率是 5.8%，太小了。

而大概率是，进入 10 月中旬，现货将开始反弹，酝酿元旦、春节旺销行情。这将激起 01 合约多头的想象力发挥，促使 01 反弹。

芝华数据显示，2018 年 8 月，在产蛋鸡存栏量为 10.68 亿只，环比减少 1.02%，同比 2017 年减少了 5.86%。2018 年 8 月，青年鸡存栏量环比减少 1.9%。2018 年 8 月，育雏鸡补栏量为 6343 万只，环比减少 9.43%，同比减少 18.47%。这些数据有利于支撑蛋价。

**过去四年 01 合约反弹的情况：**

2013 年 11 月，鸡蛋期货上市。从 2014 年到 2017 年四年，01 合约的反弹是：2014 年 9 月 26 日，贴水 500 点，反弹低高 400 点；2015 年，贴水 100 点，一直到 11 月 3 日才反弹，低高 100 点；2016 年是升水 100 点，10 月 12 日反弹第一波低高 400 点，震荡之后又涨，共计空间 600 点；2017 年是升水 600 点，9 月 28 日反弹低高 370 点后，震荡、再涨，共计低高 570 点。

其中共性的是：第一，10 月前后反弹的，都在第一波涨出 400 点，越过均线扣掉 200 点，获利将近 200 点。第二，贴水还是升水不一定决定反弹幅度，贴水几百点不一定涨得多，升水几百点不一定涨得少，关键是现货本身也是运动的。现货的即时位置决定 01 合约价格，主力在这个预期下展示资金力量。第三，第一波涨完，调整之后如果在 11 月初再涨可以跟进做多，如果 11 月中旬后再涨则转而做 05 的反弹。

所以，现在对 01 合约的反弹可以有如下决策：第一，现在是 9 月 25 日，01 已经在均线上方 7 天，属于强势，即使回落，之后继续反弹也是大概率。第二，低高 400 点要止盈，从 3800 算起，涨到 4150 一带，先止盈出局。第三，届时看现货位置，如果仍是高高在上，如现货在 4. 50 元而 01 尚在 4200，则 01 还可能上涨；一旦 11 月初调整完毕向上再突可以跟进做多，如是 11 月中旬之后向上突破可以跟进做多 05 合约。

本周末加中秋节共休市三天，现货跌幅不小，可比数据是北京从 4. 83 元跌到 4. 38 元，跌幅为 10% 。这将对 01 多头是个压制，也可能 9 月 25 日开市大跌。

但现在是多数年份反弹酝酿的时候，是看多的时候。2018 年比往年更强势，早在 9 月 14 日便确立了向上突破，上周四、周五回调，但仍属突破图形。

我的策略已定，既不敢乐观地认为现货蛋价会重返 5. 00 元，也不敢悲观地认为现货蛋价会跌到 3. 00 元，此时尤其要遵循均线。跌破 3800 止损，以免真跌到 3300，跌不破就拿着，以免错过大概率反弹，不能犯任何一点主观主义错误。3800 是前一个多月的底部，其后反弹到 3988 没有冲过前两个月的高点 4026，如果跌破 3800，从技术上说就是 C 浪下跌。如果 4026 的 A 浪下跌到 3800，B 浪反弹到 3988，就形成了 C 浪下跌，那就可能很严重。

中秋节后第一天，01 合约低开高走，增仓 1 万手，多空激战，多头逐级上拉，最高竟然拉到 3912，红盘了。这比 2017 年同一天强，那天也是现货大跌，01 第一根小时线大阴，奠定了那一天的大阴。那天我也是惊慌失措地集合竞价，低打 50 点将头一天进场的多单止损，但那之后三天就开始走强，到 10 月份反弹了 400 点。而今天第一根小时线就是上涨的，一天也是红 K 线，中线反弹的形态更强。按照周期，现在是 01 的季节反弹时段，又贴水 500 点，增仓是多头有信心的表现。我今天遵守破 3800 才止损的 200 点宽止损规矩见到了成效，没有惊慌，没有懊悔，没有失去方向，不犯踌躇，没左右为难，没有挫伤信心。

悖逆现货大跌，01 多头强势护盘，促使看多氛围增强，鸡蛋期货群里也有朋友改变观点，前几天那位期货公司的业务员说 01 合约能跌到 3700，今天却说："01 多单可以慢慢搞起来，分批入场，长线持有目标 4200。"

国庆长假前，01 合约继续缩仓震荡上扬，到了我的成本价 3940，群里有高手说这是震荡蓄势，为节后上冲做准备。持仓前 20 名大佬多单超过了空单，集中度增强，利于做多。

就怕现货长假期间大幅下跌。2017 年跌到 3. 50 元而 01 合约国庆节后在 4200 继续上涨，震荡涨到了差几点 4400。就怕跌到 3. 00 元，那样 01 多头主力再怎么着也涨不起来了，但是历年惯例是最多跌 20%，2018 年从 5. 00 元跌到 4. 00 元足够了吧？

国庆节放假开始，共计休息 9 天。

鸡蛋期货群里有朋友分享信息，说美尔雅期货公司 9 月下旬组织湖北蛋鸡养殖业开展调查，说环保政策严紧，会导致蛋价难以下跌，01 合约 10 月之后的价格应该在 4100 到 4200，涨到 4300 才可以开空。

这个结论跟 01 合约的季节反弹周期叠加，利多反弹，而且有利于后市 05 合约反弹，为我们参与春季下跌行情做好基础。

长假期间现货跌幅不小，北京从 4.38 元跌到 3.82 元，跌了 5 角多。但是 2017 年现货 3.50 元而期货 01 合约是 4200，现在现货 3.80 元而 01 才 3900，低估。

国庆长假开市第一天，01 合约大涨 70 点，增仓放量，冲过了 4000。

等着吧，到 4150 止盈。如果从 7 月的 3700 算，低高 400 点到 4100；如果从八九月的 3800 算，低高 400 点到 4200，折中一下，可以到 4150。

第二天，10 月 9 日，01 合约继续大涨 65 点，又是一个 1.6%，到 4073 了。两天连着大涨，图形太陡，令我慌张，很可能快速回探，让多头胆寒；加之 01 由贴水 1100 点变成现在的升水 250 点，从这个基本面似乎也不敢太过看多；如果从 3700 算，低高 400 点，也就是 4100 到顶了。从 3800 算，低高 400 点是不是能实现？我不敢等 4150 了，想着明天集合竞价 4099 守株待兔，比计划盈利少 50 点，整体获利 150 点，考虑到顶天计划盈利是 200 点，也差不多了。

**第三天，10 月 10 日，集合竞价高挂平多** 4099。老崔又现责备之意："你是怕盘整，精神紧张才出来？"我答："三个理由。"他说："会不会一直涨到 4200 呢？"我说："也许涨到 4800 呢！"他说："那就更不应该出了。"

我想起前几天他说 01 合约要跌到 3600，埋怨我在 3800 没有进空。现在涨到 4080，如果听他的在 3820 开空 01，则又是一次大亏。为了对他负责，必须拒绝他的思路。

01 合约震荡，探底回升，最低探到 4042，下午 2：30 冲高，**挂单成交**，上涨不止，冲到 4140，我少赚 40 点。

这就是投机，永远不可能满足。赚到就行了，把握住基本涨跌大势就行了，如果总是以最终顺势点数为准，那心灵就永无宁日，而且也根本做不到。

**9 月到 10 月这一波做 01 合约反弹的利润：**

**22 个账户资金总额 10 月 10 日达到 417 万元，不如 7 月 2 日结算时的 419 万元。**从各个账户看，有的是增加，有的是减少，减少较多的都是这俩月取走一些钱的账户，虽然我侄女账户是转进 5 万元，但是抵不了另三个账户转出的，不过总资金最多相差几万元，对利润的影响可以忽略。

所以，**现在的 417 万元比 2017 年 8 月 7 日止损后的最低量 276 万元的增值比例仍是 2018 年 7 月 2 日计算的 50%**。利润还是上半年赚的，下半年一直在赔，最后这波多 01 合约才把赔的弥补回来。

账户年增值 50% 一般来讲算不错，但是比我的计划少太多了。我计划是增值一两倍甚至三倍呢，天方夜谭吧。

利润太少的根源：一是 95 对冲规律打没了，价差最后没扩张到 700 点以上，最多才 650 点。我主要仓位是这个，进场价差是 550 点，只赚到 100 点，还是侥幸获得。二是 01 合约“火箭蛋”坠落，受现货突然大涨干扰而半途作废。本来计划赚到 300 点，实际浮利六七十点，而且仓位极重，达到 10 万元资金 15 手，重仓浮盈令人兴奋，重仓实亏也令人惊愕，浮亏八九十点时，里外里亏了将近 100 万元，止损实亏五六十万元。三是 8 月追高的 01 试仓单子应该宽止损，到 3700 再止损，不到 3800 即止损造成了亏损十几万元。四是 8 月份连续亏损打击了信心，这波多 01 仓位就轻了，10 万元资金是 12 手，盈利也少了些。

老崔对我的操作有意见，但是第二天便喜形于色，因为他的账户资金有一部分是两位朋友的，给朋友赚到的年利润率是50%，朋友的决定就是继续做。老崔让我从他的期货账户转给他银行户头4万元钱，期货账户留下近40万元，说给大家发点儿利润都高兴高兴。

他说，多希望明年这个时候达到80万元啊。

我说，40万元翻倍到80万元只是个小目标。

他很激动，嘱咐我一定要做好准备，每年都有新情况！他又不说自己操作了。

# 后 记

2018 年度操作计划快完成的时候，也就是本书写作快结束的时候，恰是改革开放 40 周年，很多宣传片展示中国发展突飞猛进，我看了甚是激动。在中国共产党领导的中国特色社会主义制度下，各行各业的建设者是中国繁荣兴盛的根本力量，是中国挺立于世界的脊梁。

反观投机领域，做期货的，即使赚得再多，也不敢说对国家、社会有多大贡献。但是，我们这些投资者的存在，又是市场经济的必要组成部分。国家建立期货制度的风险规避和价格发现两大功能，都是市场经济的应有之义，而保护投资者的合法权益，使投资者成为市场经济的润滑剂和催化剂，为实体经济服务，又是资本市场的一体两面，所以投资参与者又的的确确是国家和社会的必要成分。

本书记录了一年的操作和盈利情况，今后我将重复赚钱的操作让赚钱重复，或者计划赚钱的交易、交易赚钱的计划。如果本书有机会再版，我将加入新的年度操作结果。